Einblicke 3

Materie | Natur | Technik

Baden-Württemberg

Kopiervorlagen

Ernst Klett Schulbuchverlage
Stuttgart · Leipzig

Einblicke Materie | Natur | Technik

Sicherheitshinweise: Vor der Durchführung eines Versuchs müssen mögliche Gefahrenquellen besprochen werden. Die geltenden Richtlinien zur Vermeidung von Unfällen beim Experimentieren sind zu beachten. Da Experimentieren grundsätzlich umsichtig erfolgen muss, wird auf die üblichen Verhaltensregeln und die Regeln für Sicherheit und Gesundheitsschutz beim Umgang mit Gefahrstoffen im Unterricht nicht jedes Mal erneut hingewiesen.

Einige Substanzen, mit denen im Unterricht umgegangen wird, sind als Gefahrstoffe eingestuft. Sie können in den einschlägigen Verzeichnissen nachgesehen werden.

Auch Schülerversuche sind nur auf Anweisung und unter Aufsicht der Lehrkraft durchzuführen.

1. Auflage 1 5 4 3 2 1 | 10 09 08 07 06

Alle Drucke dieser Auflage sind unverändert und können im Unterricht nebeneinander verwendet werden. Die letzte Zahl bezeichnet das Jahr des Druckes.

Das Werk und seine Teile sind urheberrechtlich geschützt. Jede Nutzung in anderen als den gesetzlich zugelassenen Fällen bedarf der vorherigen schriftlichen Einwilligung des Verlages. Hinweis zu § 52a UrhG: Weder das Werk noch seine Teile dürfen ohne eine solche Einwilligung eingescannt und in ein Netzwerk eingestellt werden. Dies gilt auch für Intranets von Schulen und sonstigen Bildungseinrichtungen. Fotomechanische oder andere Wiedergabeverfahren nur mit Genehmigung des Verlages.

© Ernst Klett Verlag GmbH, Stuttgart 2006.
Alle Rechte vorbehalten.
Internetadresse: www.klett.de

Von diesen Vorlagen ist die Vervielfältigung für den eigenen Unterrichtsgebrauch gestattet. Die Kopiergebühren sind abgegolten.

Redaktion: Rita Boemer, Alfred Tompert
Gestaltung: Katja Buß
Illustrationen: Jörg Mair, München, u.a.
Umschlaggestaltung: normaldesign, Schwäbisch Gmünd
Umschlagfoto: Viscom Fotostudio (Siegfried Schenk)
Reproduktion: Meyle + Müller, Medienmanagement, Pforzheim
Druck: Medien Druck Unterland GmbH, Weinsberg

Printed in Germany
ISBN-13: 978-3-12-113088-7
ISBN-10: 3-12-113088-9

Inhalt

1 Magnetismus und Strom

- 5 Magnete – selbst hergestellt
- 6 Himmelsrichtungen
- 7 Mein Kompass
- 8 Magnetkraft auf Knopfdruck
- 9 Dauermagnet und Elektromagnet
- 10 Ein einfacher Elektromotor
- 11 Ein Motor – zwei Ideen I
- 12 Ein Motor – zwei Ideen II
- 13 Die Induktion im Test
- 14 Versuch mit einem Kohlekörnermikrofon – Versuch mit einem Tauchspulenmikrofon
- 15 Der Generator
- 16 Der Transformator
- 17 Messungen am Transformator
- 18 Berechnungen am Transformator

2 Gesund sein – gesund bleiben

- 19 Der Wochen-Stress-Test
- 20 Fragebogen zum Rauchverhalten
- 21 Alkohol
- 22 Salmonellose
- 23 Rund ums Sauerkraut
- 24 Viren lassen sich vermehren
- 25 Der Körper wehrt sich
- 26 Aktive und passive Immunisierung
- 27 Die häufigsten Bakterieninfektionen
- 28 Schutz vor einer HIV-Infektion

3 Energie wandeln

- 29 Gleichförmige Bewegung
- 30 Das Weg-Zeit-Diagramm
- 31 Ungleichförmige Bewegung und Momentangeschwindigkeit
- 32 Die Beschleunigung im Diagramm
- 33 Das NEWTON'sche Kraftgesetz
- 34 Das Weg-Zeit-Gesetz und der freie Fall
- 35 Die mechanische Leistung
- 36 Die elektrische Leistung
- 37 Leistung und Arbeit
- 38 Energieumwandlungen
- 39 Kohle – Energieträger und Rohstoff
- 40 Der Ottomotor
- 41 Das Zündsystem des Ottomotors

4 Energie nutzen

- 42 Primärenergie
- 43 Wärmekraftwerke
- 44 Der Abgaskatalysator
- 45 Nutzung der Erdwärme
- 46 Warmwasserbereitung mit dem Sonnenkollektor
- 47 Strom und Wärme – das Blockheizkraftwerk
- 48 Wasserkraftwerke
- 49 Windenergieanlagen
- 50 Messungen an Solarzellen
- 51 Durchbiegung unterschiedlicher Profile
- 52 Wärmedämmung und U-Wert
- 53 Energieverbrauch im Haushalt
- 54 Bewusst Auto fahren – Energie sparen

5 Erben und vererben

- 55 Das Alphabet des Lebens
- 56 Die Mitose
- 57 Die 1. und 2. Mendel'sche Regel
- 58 Die 3. Mendel'sche Regel
- 59 Vererbte Merkmale des Menschen
- 60 Bluterkrankheit – Fürstenkrankheit
- 61 Wenn Meiosen gestört sind
- 62 Der Chromosomensatz eines Menschen (A)
- 63 Der Chromosomensatz eines Menschen (B)
- 64 Ziele der Tier- und Pflanzenzüchtung
- 65 Gentechnik in der Landwirtschaft
- 66 Geklonte Dolly: drei Mütter – kein Vater
- 67 Die „Anti-Matsch-Tomate"

6	**Evolution**
68	Entstehung der Erde und der Lebewesen
69	Die Lebensschnur (A)
70	Die Lebensschnur (B)
71	Der 15-Milliarden-Dreh, Blatt (1)
72	Der 15-Milliarden-Dreh, Blatt (2)
73	Der 15-Milliarden-Dreh, Blatt (3)
74	Der 15-Milliarden-Dreh, Blatt (4)
75	Die Stammesentwicklung der Pferde
76	Wir stellen „Fossilien" selbst her
77	Pflanzen besiedeln das Land
78	Tiere gehen an Land
79	Saurier – ausgestorbene Kriechtiere
80	Vergleich von Vogel, Archaeopteryx und Reptil
81	Die Darwinfinken – ein Beispiel für die Entstehung neuer Arten (A)
82	Die Darwinfinken – ein Beispiel für die Entstehung neuer Arten (B)
83	Von Aristoteles bis Darwin
84	Gleicher Bauplan – gemeinsame Abstammung
85	Vergleich der Skelette von Schimpanse und Mensch
86	Die Vielfalt der Menschen (1)
87	Die Vielfalt der Menschen (2)
88	Die Vielfalt der Menschen (3)
89	Die Vielfalt der Menschen (4)

7	**Verhalten**
90	Sprache ohne Worte
91	Vom Säugling zum Kleinkind
92	Angeborene Verhaltensweisen beim Menschen
93	Einfach niedlich – das Kindchenschema
94	Erdkröte auf Beutezug
95	Nüsse knacken will gelernt sein
96	Verständigung im Tierreich
97	Die Tanzsprache der Bienen
98	Was ist los im Amselrevier?
99	Körpersprache bei Mensch und Tier

8	**Elektronik**
100	Aufbau und Funktion des Transistors
101	Festwiderstand – Drehwiderstand – Fotowiderstand
102	Aufbau und Funktion des Kondensators
103	Funktion der Diode
104	Der Gleichrichter
105	Wie funktioniert der Flipflop?
106	Wie funktioniert die Blinkschaltung?
107	Layout einer Streifenrasterplatine
108	Layout einer Leiterbahnplatine
109	Schaltzeichen

110	**Lösungen zu den Kopiervorlagen**

Magnete – selbst hergestellt

1. 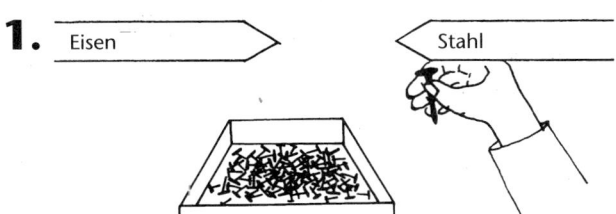 Prüfe mit kleinen Nägelchen, ob ein Eisennagel und ein Stahlnagel magnetisch sind. Stahl ist besonders hartes Eisen.

a) Wie viele Nägelchen lassen sich daran hängen?

b) Bestreiche den Eisennagel und den Stahlnagel mehrmals (mindestens 20-mal) von einem Ende zum anderen mit einem starken Stabmagneten. Achte darauf, dass du immer in dieselbe Richtung streichst und dass du immer denselben Pol des Magneten verwendest, also z. B. den Nordpol. Wie viele Nägelchen lassen sich nun daran hängen?

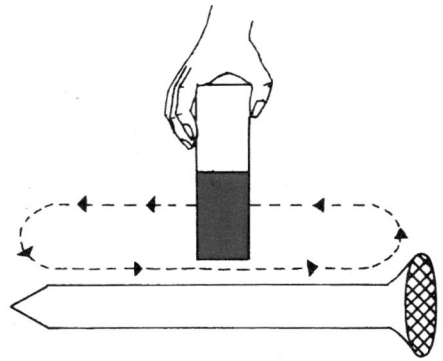

      a) Vor dem Bestreichen   b) Nach dem Bestreichen

Eisennagel: _____ Nägelchen   _____ Nägelchen

Stahlnagel: _____ Nägelchen   _____ Nägelchen

Ergebnis: _____

2. Prüfe, ob sich die folgenden Gegenstände magnetisieren lassen. Notiere (+) für magnetisierbar und (–) für nicht magnetisierbar.

Eisenbüroklammer (_____)   dünner Kupferstab (_____)   Papierstreifen (_____)

Plastikbüroklammer (_____)   Stricknadel (_____)   Nähnadel (_____)

Ergebnis: _____

3. Kathi hat einen Schraubendreher magnetisiert. Welchen Sinn könnte das haben?

_____
_____
_____

4. Matthias hat die Schere aus dem Nähkasten magnetisiert. Die Eltern sind verärgert. Warum?

_____

Himmelsrichtungen

1. Eine Kompassnadel stellt sich immer so ein, dass ihr Nordpol nach Norden zeigt und ihr Südpol nach Süden.

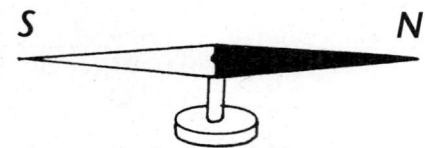

Woran liegt das?
Es liegt daran, dass unsere Erde

_____.

Der Nordpol der Kompassnadel wird angezogen vom

_____.

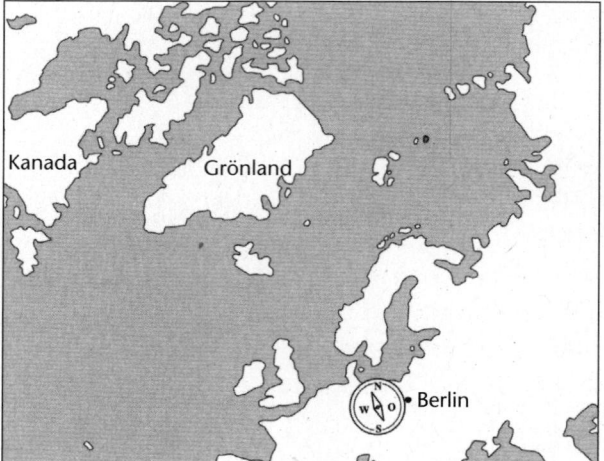

Der magnetische Südpol der Erde liegt in der Nähe des geografischen Nordpols. Suche in einem Atlas die beiden Pole und trage sie in die Zeichnung ein.

2. Wenn die Sonne scheint, ist es ganz einfach, die Himmelsrichtungen zu erkennen. In der Grundschule hast du bestimmt gelernt:
Im Osten geht die Sonne auf – im Süden nimmt sie ihren Lauf –
im Westen wird sie untergehn – im Norden ist sie nie zu sehn.

3. So kannst du die Himmelsrichtungen auch ohne Kompass erkennen, auch wenn die Sonne nicht scheint:

a) Alte Kirchen haben meist den Turm im Westen und den Altar im Osten. Prüfe das nach.

b) Weil bei uns der Regen zumeist aus dem Westen kommt (Wetterseite), sind Bäume auf der Westseite bemoost oder haben dort Flechten.

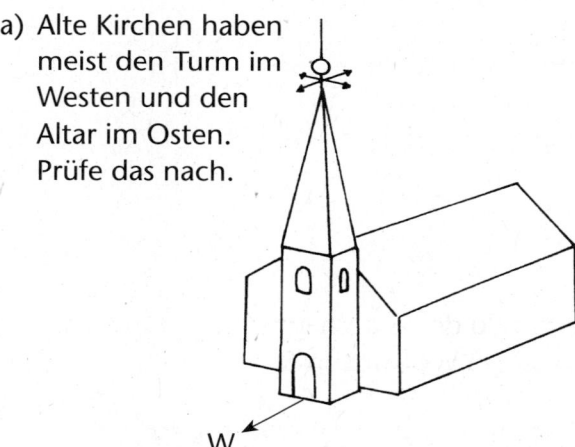

c) Wenn du den Abstand der hinteren Sterne des Großen Wagens am Nachthimel etwa fünfmal nach oben verlängerst, triffst du auf einen einzelnen hellen Stern, den Polarstern. Wenn du auf ihn zugehst, gehst du fast genau nach Norden. Der Polarstern ist der vorderste Stern der Deichsel des Kleinen Wagens und war früher ein wichtiger Wegweiser für Seefahrer.

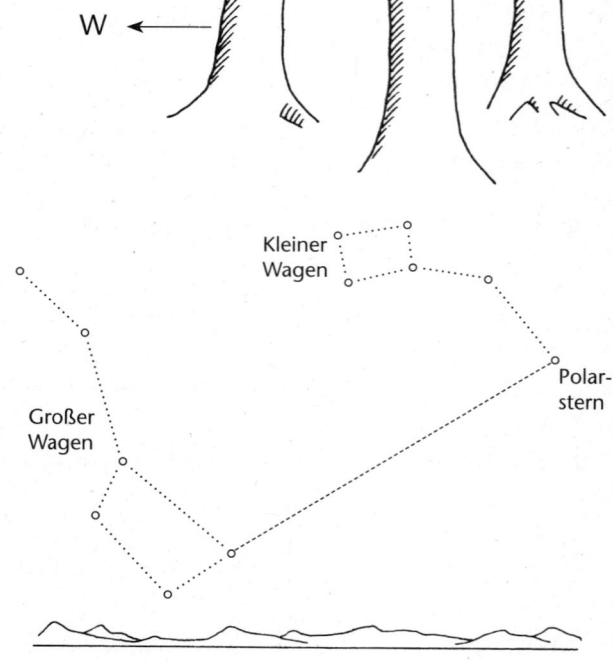

Mein Kompass

Zum Bau des Gerätes werden benötigt:
Blechbügel aus einem Schnellhefter oder Musterbeutelklammer, beschriftbare Markiernadel oder Nadel mit Stellfläche aus Kork, Pappe o.ä., Filzstifte „permanent M" grün und rot, Blechschere, Hammer und Körner oder Nagel, weiche Holzunterlage, kräftiger Stabmagnet.

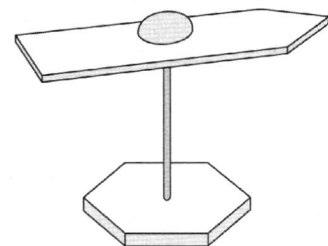

Arbeitsschritte:
1. Blechschere, Hammer und die Eisenblechstreifen dürfen nicht magnetisch sein!
2. Öffne die Klammer oder schneide von dem Blechbügel ein ca. 4 cm langes Stück ab.
3. Markiere im Kopf der Klammer oder auf dem Blechstreifen den Mittelpunkt.
4. Lege das Blechstück mit dem Mittelpunkt auf eine weiche Holzunterlage.
5. Schlage mit Körner und Hammer eine kleine Vertiefung in den Mittelpunkt, kein Loch.
6. Lege die Vertiefung so auf die Spitze der Markiernadel, dass sich der Blechstreifen bzw. die Klammer leicht um den Mittelpunkt drehen kann.
7. Ein Tropfen Nähmaschinenöl unterstützt die Leichtgängigkeit ebenso wie die Behandlung der Nadelspitze mit feinstem Sandpapier.
8. Bearbeite den Blechstreifen oder die Klammer mit der Blechschere, sodass er/sie waagerecht auf der Nadelspitze liegt.
9. Wenn du nun das Blech leicht anstößt, muss es leicht und waagerecht rotieren.
10. Hebe den Blechstreifen noch einmal ab und magnetisiere ihn, indem du mit einem Pol des kräftigen Magneten mehrfach darüber streichst.
11. Lege ihn wieder auf die Nadelspitze, entferne den Magneten sowie alle Eisenteile wie Hammer, Schere und Körner weit von ihm.

Führe die folgenden Versuche auf einer eisenfreien Unterlage durch, notiere deine Beobachtungen und deute sie.

1. Stoße den Streifen leicht an.

   Beobachtung: _____

   Deutung: _____

2. Stelle jetzt die Polung deines Kompasses fest, indem du den Stabmagneten zu Hilfe nimmst. Färbe den Nordpol rot, den Südpol grün. Notiere einen Wenn-dann-Satz.

   _____

   _____

   Die Anziehung führt zu Irrtümern, weil auch ein unmagnetisches Eisenteil angezogen wird.

3. Kontrolliere, ob der Metallstreifen waagerecht liegt.

   Beobachtung: _____

   Deutung: _____

© Als Kopiervorlage freigegeben. Ernst Klett Verlag GmbH, Stuttgart 2006.

ISBN 3-12-113088-9

Magnetkraft auf Knopfdruck

Für die Versuchsreihe werden benötigt:
Tr: Regelbarer Experimentiertransformator mit Gleichrichter (0 – 24 V)
U: Voltmeter für Gleichstrom (Bereich 30 8V)
I: Amperemeter für Gleichstrom (Bereich 10 A)
Sp: 2 Spulen, z. B. 300 und 600 Windungen
K: Weicheisenkern
F: Kraftmesser
W: Wägestück aus Weicheisen
Stativmaterial: Fuß, 2 Stangen und Muffe

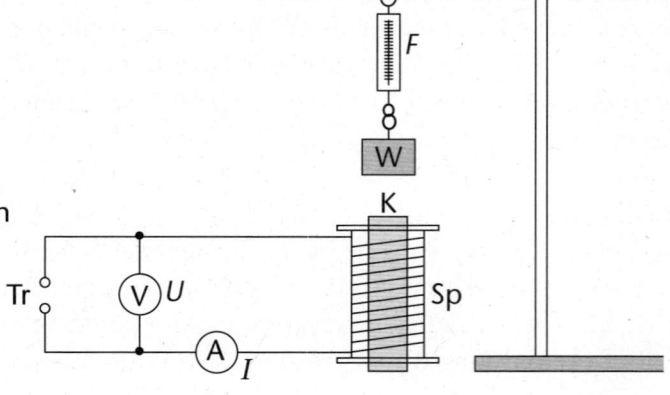

Bei den Versuchsreihen ohne Eisenkern sollte das Wägestück in die Spule eintauchen.
Bei den Versuchsreihen mit Eisenkern muss zwischen W und K ein geeigneter Abstand ermittelt werden, damit sie sich nicht berühren.

Trage die bei unterschiedlicher Transformatoreinstellung ermittelten Werte in die Liste ein.

	Spannung U	Stromstärke I	Kraft F
Spule 300 Windungen ohne Eisenkern			
Spule 600 Windungen ohne Eisenkern			
Spule 300 Windungen mit Eisenkern			
Spule 600 Windungen mit Eisenkern			

Fasse die Messergebnisse in kurzen Sätzen zusammen.

Dauermagnet und Elektromagnet

1. Kreuze in den Kästchen an, bei welchen Magnetpaaren Anziehungskräfte zu beobachten sind.

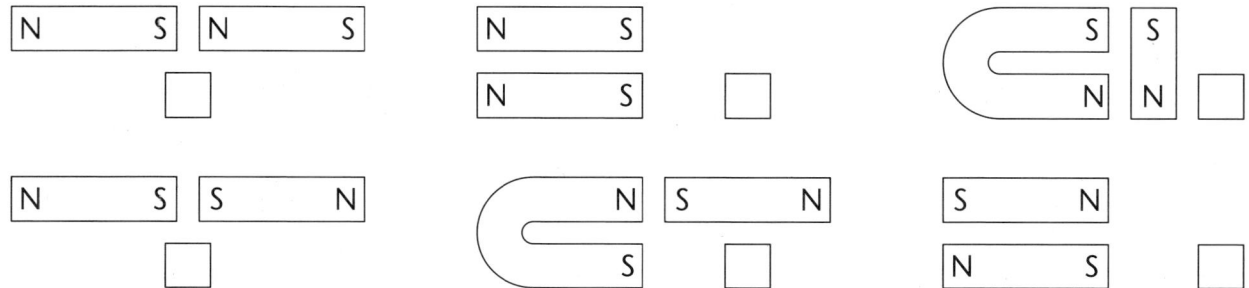

2. Vergleiche Dauermagnet und Elektromagnet. Antworte mit ja oder nein.

	Elektromagnet	Dauermagnet
Zieht Gegenstände aus Eisen an		
Hat einen Nordpol und einen Südpol		
Es gilt die Polregel (gleichnamige Pole stoßen sich ab, ungleichnamige ziehen sich an)		
Die Magnetkraft wirkt im Raum um den Magneten		
Man kann die Magnetkraft ein- und ausschalten		
Man kann die Pole vertauschen		

3. Beschreibe, wie das abgebildete Relais funktioniert.

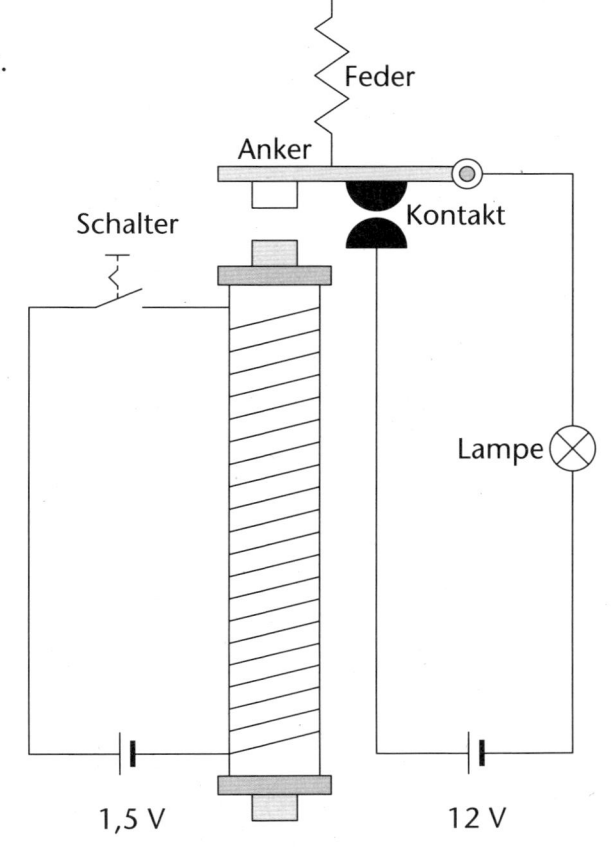

Der Schalter wird geschlossen. Die Spule mit

Eisenkern wird zu einem _____ .

Der Anker _____ .

Der Kontakt _____ .

Die Lampe _____ .

Der Schalter wird geöffnet. Die Spule mit

Eisenkern wird _____ .

Der Anker _____ .

Der Kontakt _____ .

Die Lampe _____ .

Ein einfacher Elektromotor

Du benötigst: einen Stabmagnet mit Lagerpfanne, einen Fuß mit Lagerspitze, eine Spule 400 Windungen, einen Eisenkern, einen Taster, 4 Leitungen mit Steckern, eine Krokodilklemme, eine Gleichspannungsquelle ca. 4,5V, Klebeband

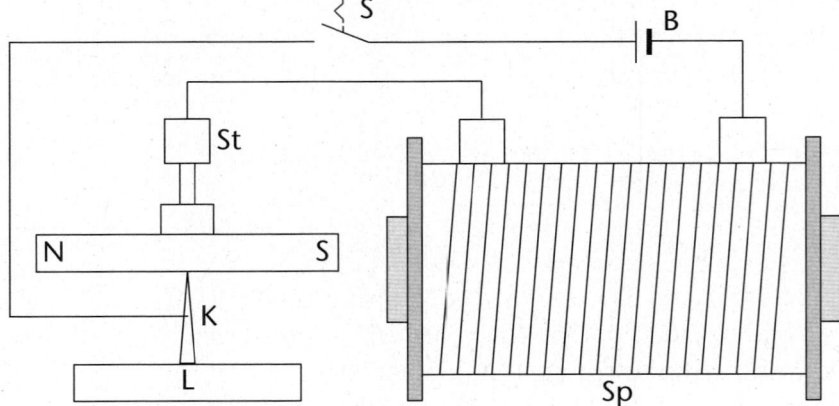

S   Schalter oder Taster
L   Fuß mit Lagerspitze
NS Magnet mit Lagerpfanne
K   Krokodilklemme
St Stecker
B   Gleichspannungsquelle
Sp Spule mit Kern

Baue das Modell entsprechend der Zeichnung auf. Drücke den Stecker leicht auf den blanken Hut und betätige mit der anderen Hand den Taster. Falls sich nichts bewegt, drehe den Magneten um 180°.

1. Was kannst du beobachten? _____

2. Worauf ist die Bewegung zurückzuführen? _____

3. Warum ist der Versuch so schnell zu Ende? _____

4. Jetzt musst du schnell reagieren können! Lasse den Taster in dem Moment los, in dem sich die Pole anziehen wollen, und drücke ihn nach der nächsten halben Umdrehung des Magneten wieder. Was beobachtest du?

5. Welches Problem erkennst du? _____

Beklebe nun das Hütchen auf dem Magneten so mit Klebeband, wie es die Abbildung zeigt. Baue den Taster aus, verbinde also die Spannungsquelle direkt mit der Krokodilklemme.
Berühre den blanken Teil des Hütchens leicht mit dem Stecker. Experimentiere so lange, bis du die richtige Stelle gefunden hast. Nun muss sich der Magnet sehr schnell drehen!

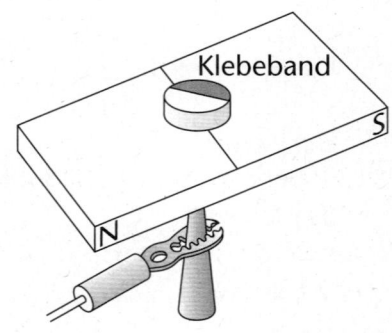

Ein Motor – zwei Ideen I

Wenn der Dauermagnet durch einen Elektromagneten ersetzt wird, ist der Bau von zwei verschiedenen Motoren-Typen möglich.

1. Vergleiche die beiden Abbildungen (Blatt II). Du findest jeweils
- den Stator, bestehend aus Feldmagnet und Schleifkontakten,
- den Rotor, bestehend aus Anker und Polwender,
- die Anschlüsse für die Spannungsquelle.

Markiere jedes der genannten Bauteile mit einer anderen Farbe und notiere die Begriffe entsprechend farbig.

2. Du erkennst bei genauer Betrachtung einen Unterschied.
Beschreibe den Weg der Elektronen vom Minuspol der Gleichspannungsquelle zum Pluspol. Verwende dabei die Begriffe die Begriffe „Rotor-Spule", „Stator-Spule", „Schleifkontakt (Bürste)" und „Polwender (Kommutator)".
Bei welchem Motor sind Rotor und Stator parallel geschaltet, bei welchem sind sie in Reihe geschaltet?

A _____

_____

_____

_____

_____

_____

B _____

_____

_____

_____

_____

_____

_____

3. Notiere zu jeder Abbildung den richtigen Namen sowie je ein Anwendungsbeispiel.

4. Baue die beiden Motoren-Typen mit Teilen aus der naturwissenschaftlichen Sammlung auf. Skizziere den Aufbau.

Ein Motor – zwei Ideen II

A Name: _____

Beispiel: _____

B Name: _____

Beispiel: _____

Die Induktion im Test

1. Man bringt in eine Spule einen Eisenkern. Führt man nun einen Stabmagneten an der Spulenöffnung vorbei, dann ist die entstehende Induktionsspannung wesentlich höher als bei einem Versuch ohne Eisenkern. Gib eine Erklärung.

---

2. Beantworte zu den abgebildeten Versuchen die folgenden Fragen:

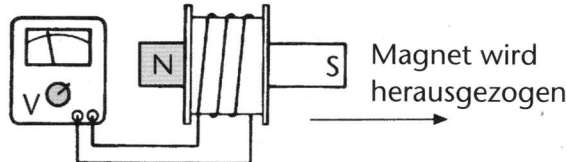

Schalter wird fortwährend ein- und ausgeschaltet

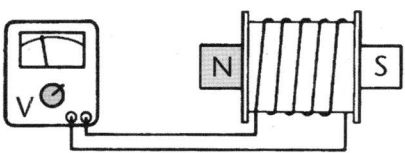
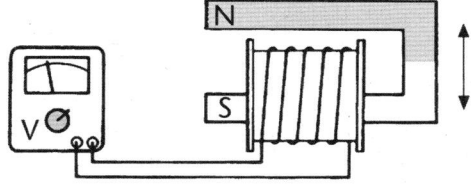

Magnet und Spule werden nicht bewegt

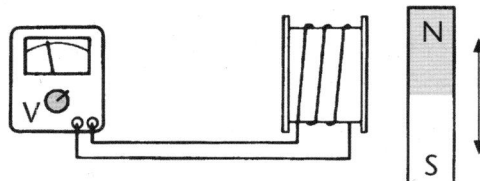
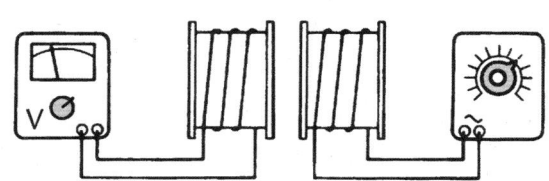

a) Bei welchen Versuchen entsteht praktisch keine Induktionsspannung? Kreuze an.

A ☐   B ☐   C ☐   D ☐   E ☐   F ☐

Bei welchen Versuchen entsteht Wechselspannung? Kreuze an.

A ☐   B ☐   C ☐   D ☐   E ☐   F ☐

b) Was geschieht in Versuch A, wenn man lediglich den Schalter schließt? Begründe die Antwort.

Versuch mit einem Kohlekörnermikrofon

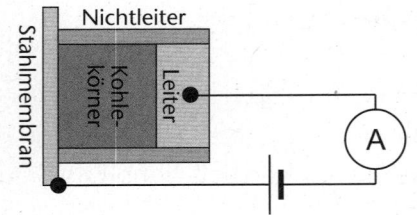

1. Die Membran wird vom Schalldruck (mit dem Finger) schwach nach innen gedrückt.

2. Der Zeiger des Amperemeters _____ .

3. Grund: Der Widerstand der Kohlekörner _____ , die Stromstärke _____ .

4. Die elastische Membran federt zurück. Der Widerstand _____ , die Stromstärke _____ .

5. Die Membran wird vom Schalldruck (mit dem Finger) stark nach innen gedrückt.

6. Der Zeiger des Amperemeters _____ .

7. Grund: Der Widerstand der Kohlekörner _____ , die Stromstärke _____ .

8. Ein Ton mit der Frequenz 100 Hz bewirkt 100 Stromimpulse pro Sekunde im Stromkreis. Die Membran eines Hörers, der die Stelle des Amperemeters einnimmt, _____ .

Versuch mit einem Tauchspulenmikrofon

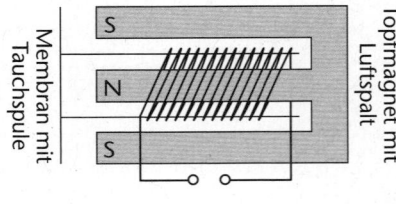

Verwende für den Versuch ein altes Tauchspulenmikrofon, dessen Schutzkappe entfernt wird, sodass die Membran frei liegt, und ein Oszilloskop. Steht dies nicht zur Verfügung, so verwende einen Stabmagneten, eine Spule und ein empfindliches Amperemeter mit mittiger Zeigerstellung. Beobachte den Leuchtpunkt auf dem Bildschirm oder das Amperemeter.

1. Die Membran wird durch den Schalldruck (mit dem Finger) nach innen gedrückt.

2. Der Leuchtpunkt auf dem Bildschirm _____ , der Zeiger _____ .

3. Grund: Die Schwingspule _____ .

4. Die elastische Membran mit der Tauchspule schwingt durch den nachlassenden Schalldruck (Fingerdruck) zurück.

5. Der Leuchtpunkt oder Zeiger _____ .

6. Grund: Ändert sich _____ .

7. Ein Tauchspulenmikrofon erzeugt _____ im Rhythmus der Schallquelle.

Der Generator

1. Für die Fahrradbeleuchtung liefert ein Dynamo den elektrischen Strom.

Was geschieht am Amperemeter, wenn man das Antriebsrad des Dynamos mit der Hand dreht?

_____

_____

_____

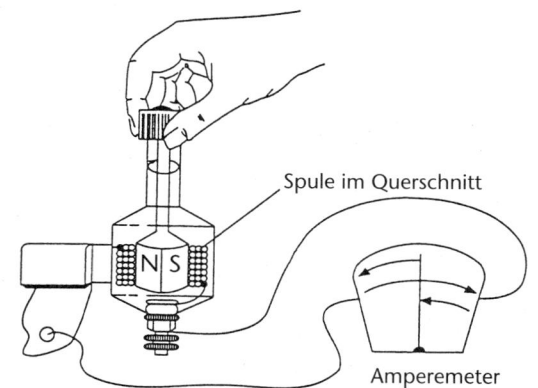

Elektrischer Strom entsteht, wenn das Antriebsrad den Dauermagneten im Innern der Spule dreht. Strom, der auf diese Weise erzeugt wird, heißt Induktionsstrom.

2. Kennzeichne die einzelnen Teile des schematisch dargestellten Generators mit Farbe:
Stator-Magnet: rot/grün
Drehspule oder Anker: blau

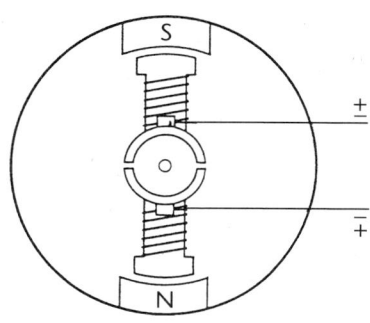

3. Ein Generator besteht immer aus zwei wesentlichen Teilen:

1. _____ 2. _____

Die Spannung, die ein Generator liefert, kann durch einen _____ in der Spule verstärkt werden. Verwendet man eine Spule mit hoher Windungszahl und einem starken Magneten, so kann der elektrische Strom nicht nur mit einem Messgerät, sondern auch mit einer _____ nachgewiesen werden.

Die Spannung eines Generators ist umso größer, je _____ der Magnet ist, je _____ die Windungszahl der Spulen ist und je _____ die Spule im Magnetfeld bewegt wird.

Im Generator wird _____ in _____ Energie umgewandelt.

Der Transformator

1. Im Haushalt wird an den Steckdosen eine Spannung von 230 V bereit gestellt.
Viele Geräte benötigen jedoch eine geringere Spannung, z. B.

_____

_____

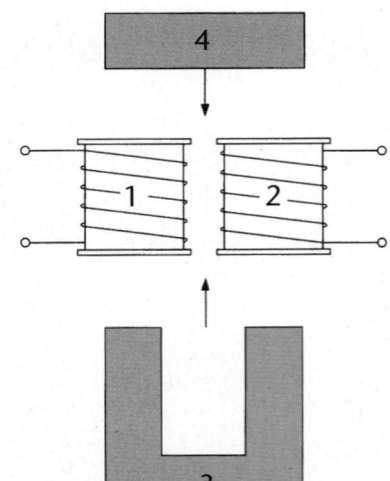

Über einen Transformator können auch diese Geräte an das Haushaltsnetz angeschlossen werden.

Die Abbildung zeigt den Aufbau eines Transformators.
Benenne die Teile:

1 _____ 3 _____

2 _____ 4 _____

2. Ein Transformator funktioniert nur, wenn bestimmte Voraussetzungen erfüllt sind:

_____

_____

_____

_____

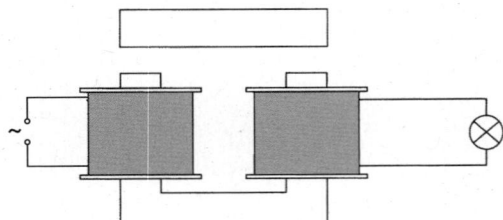

3. Eine Spannungsmessung an Primär- und Sekundärspule ergibt:

_____

_____

_____

$U_P = 200\,V$ \qquad $U_S = 40\,V$

$N_P = 1000$ \qquad $N_S = 200$

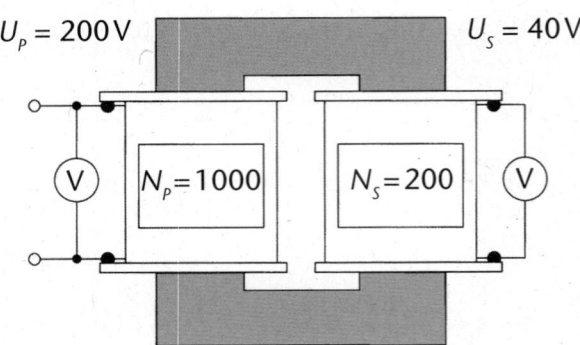

Ergänze die Gleichung:

$$U_P : U_S =$$

Trage die Ergebnisse eines selbst gewählten Beispieles zusätzlich in die Abbildung ein.

Messungen am Transformator

1. Dein Lehrer führt Messungen an zwei unterschiedlichen Transformatoren durch. Schreibe die Anzahl der Windungen auf die abgebildeten Spulen.

a)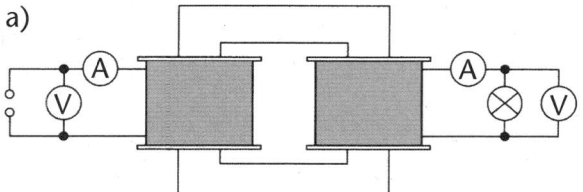

b)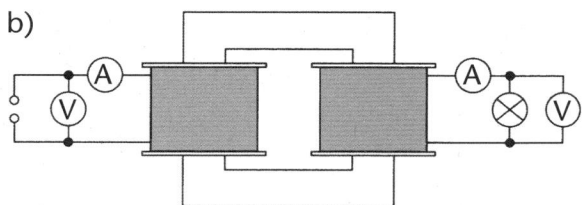

a) Die Sekundärspule hat weniger Windungen als die Primärspule. Die Sekundärspannung wird folglich _____ sein als die Primärspannung.

b) Die Sekundärspule hat mehr Windungen als die Primärspule. Die Sekundärspannung wird folglich _____ sein als die Primärspannung.

2. Berechne die erwarteten Werte der Sekundärspannung und des Sekundärstroms. Vergleiche sie mit den Messwerten.

a)

$N_P =$	$N_S =$		
		berechnet	gemessen
$U_P =$	$U_S =$		
$I_P =$	$I_S =$		

b)

$N_P =$	$N_S =$		
		berechnet	gemessen
$U_P =$	$U_S =$		
$I_P =$	$I_S =$		

Erkläre die Abweichung zwischen den berechneten und gemessenen Werten.

_____

_____

_____

3. Soll die Spannung durch einen Transformator erhöht werden, muss die Sekundärspule _____ Windungen haben als die Primärspule. Die Stromstärke wird dabei _____ .

Soll die Spannung herabgesetzt werden, muss die Sekundärspule _____ Windungen haben als die Primärspule. Die Stromstärke wird _____ .

4. Die elektrische Leistung ist im Primärstromkreis und im Sekundärstromkreis fast _____ .

Berechnungen am Transformator

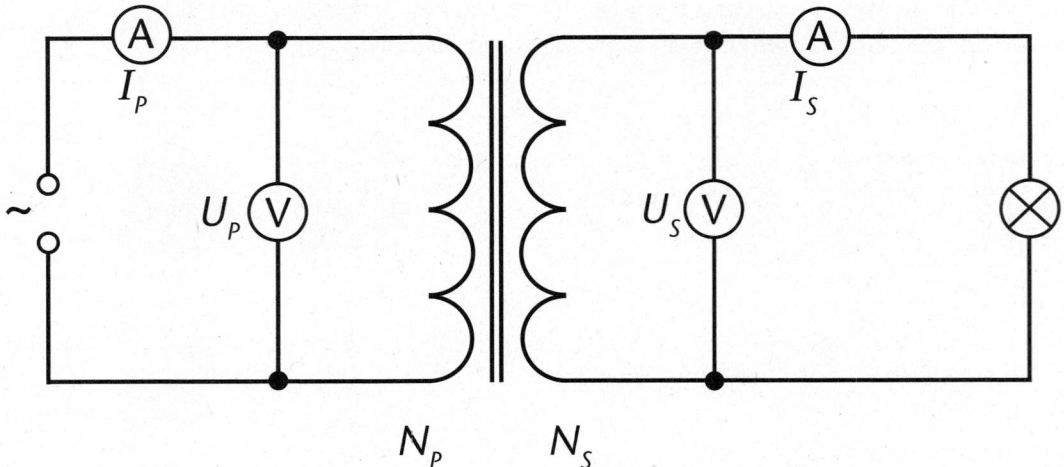

1. Berechne die fehlenden Werte in der Tabelle. Verwende dazu die folgenden Formeln:

$$\frac{U_P}{U_S} = \frac{N_P}{N_S} \qquad \frac{I_S}{I_P} = \frac{N_P}{N_S} \qquad P_P = U_P \cdot I_P \qquad P_S = U_S \cdot I_S$$

Primärstromkreis				Sekundärstromkreis			
Windungen N_P	Spannung U_P	Stromstärke I_P	Leistung P_P	Windungen N_S	Spannung U_S	Stromstärke I_S	Leistung P_S
1200	12 V	0,5 A	6 W	600	6 V	1 A	6 W
1200	12 V	0,05 A	0,6 W	300			
600	12 V	8 A		1200			
300		1 A	12 W			0,25 A	
600	230 V	1 A		6			
1200		2 A	32 W	75			
75	3 V			1200		1 A	

2. Vergleiche jeweils die Leistung im Primär- und Sekundärstromkreis. Was stellst du fest?

_____

_____

_____

Der Wochen-Stress-Test

1. a) Kreuze an, welche Stressbelastungen du in der vergangenen Woche aushalten musstest.
b) Stelle zusammen, welche der im Wochen-Stress-Test angeführten Punkte in deiner Klasse am häufigsten vorkommen.
c) Um welche Punkte könnte man die Liste noch erweitern?

	Hast du ...	Mo	Di	Mi	Do	Fr	Sa	So
1	... schlecht oder zu wenig geschlafen?							
2	... Kopf-, Herz- oder Magenschmerzen gehabt?							
3	... andere Krankheiten oder begründete Angst davor gehabt?							
4	... dich auf dem Weg zur Schule geärgert?							
5	... dich in der Schule geärgert?							
6	... unter Druck arbeiten müssen?							
7	... unter Zeitmangel gelitten?							
8	... lange (zu lange) gearbeitet?							
9	... eine Arbeit geschrieben oder eine Prüfung gehabt?							
10	... unter Lärm gelitten?							
11	... in einem schlecht belüfteten Zimmer (z. B. neben einem Raucher) arbeiten müssen?							
12	... dich zu wenig an frischer Luft bewegt?							
13	... zu fett oder zu viel gegessen?							
14	... zu viele Süßigkeiten gegessen?							
15	... mehr als drei Tassen Kaffee getrunken?							
16	... zu viel Alkohol getrunken?							
17	... mit einem Freund/einer Freundin Probleme gehabt?							
18	... mit deinen Eltern Schwierigkeiten gehabt?							
19	... an deinen Fähigkeiten gezweifelt?							
	Summe:							
	Summe gesamt:							

Auswertung des Wochen-Stress-Tests:
  1 bis   5 Kreuze: Du hast kein Problem mit Stress.
  6 bis 20 Kreuze: Du hast einige Schwächen, befindest dich aber noch in der Norm.
21 bis 29 Kreuze: Du bist stressempfindlich und solltest prüfen, was dahinter steckt.
30 Kreuze und mehr: Du bist sehr stressgefährdet. Eine Lebensumstellung tut not. Ärztliche Kontrollen sind dringend anzuraten.

2. Welche Möglichkeiten kennst du, um Stress zu vermeiden oder abzubauen?

Fragebogen zum Rauchverhalten

Name: _____

1. Mein Alter: _____ Jahre

2. Ich rauche täglich ☐ Wie viele Zigaretten täglich? _____

manchmal ☐ Wie viele Zigaretten im Schnitt pro Woche? _____

nicht ☐

3. Ich kenne folgende gesundheitlichen Schäden, die mit dem Rauchen verbunden sind:

_____

_____

_____

_____

4. In meiner Familie gibt es Raucher ☐   keine Raucher ☐

5. Mir ist schon einmal der Gedanke gekommen, dass ich zu viel rauche und daher den Zigarettenkonsum einschränken oder das Rauchen überhaupt aufgeben sollte.

ja ☐   Nein, diesen Gedanken hatte ich noch nie ☐

6. Meine Eltern wissen, dass ich rauche ☐

Meine Eltern wissen **nicht**, dass ich rauche ☐

7. Bei folgenden Gelegenheiten schmeckt mir eine Zigarette besonders:

_____

_____

_____

_____

8. Ich kann mir vorstellen, dass ich von der Zigarettenwerbung beeinflusst bin.

ja ☐   Dies ist bei mir nicht der Fall ☐

© Als Kopiervorlage freigegeben. Ernst Klett Verlag GmbH, Stuttgart 2006. ISBN 3-12-113088-9

Alkohol

Die Gefahren eines übermäßigen Alkoholkonsums sind bekannt. Oft führt die Gewohnheit, regelmäßig Alkohol zu trinken, zur Sucht. Der Übergang ist meist fließend. Viele bemerken ihn gar nicht oder verdrängen die Anzeichen.

1. Es gibt verschiedene Gründe, warum Jugendliche zum Alkohol greifen. Nenne einige.

_____

_____

2. Vor allem Stresssituationen verleiten so manchen, Alkohol zu trinken. Auf die Frage „Warum"? erhält man oft nur eine oberflächliche Antwort wie „Das machen doch alle"! Welche wirklichen Gründe könnten „dahinter stecken"?

_____

_____

_____

_____

Salmonellose

Eine Geburtstagsparty im Garten: Es ist ein heißer Sommertag. Das Essen – Kartoffelsalat mit Majonäse, Frikadellen, Brötchen mit Hackfleisch, Geflügel- und Eiersalat mit Baguette – bleibt den ganzen Tag über auf dem Tisch stehen. Die „Reste" werden noch am folgenden Tag aufgegessen. Bei einigen Personen stellen sich Übelkeit, Erbrechen und Durchfall ein. Der Arzt stellt die Diagnose: Salmonellose. Diese Krankheit wird durch Salmonellen (Darmbakterien) ausgelöst.

A Die Salmonellen werden in Petrischalen bei unterschiedlichen Temperaturen kultiviert. Teilen sich die Bakterien, bilden sich sichtbare Bakterienkolonien.

B Eine Lösung mit Salmonellen wird auf fünf Reagenzgläser verteilt und 10 Minuten verschiedenen Temperaturen von 40°C bis 80°C ausgesetzt. Danach wird die Anzahl der noch lebenden Bakterien bestimmt.

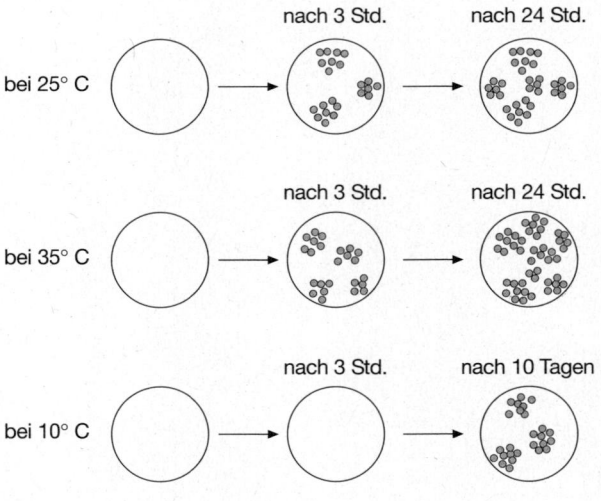

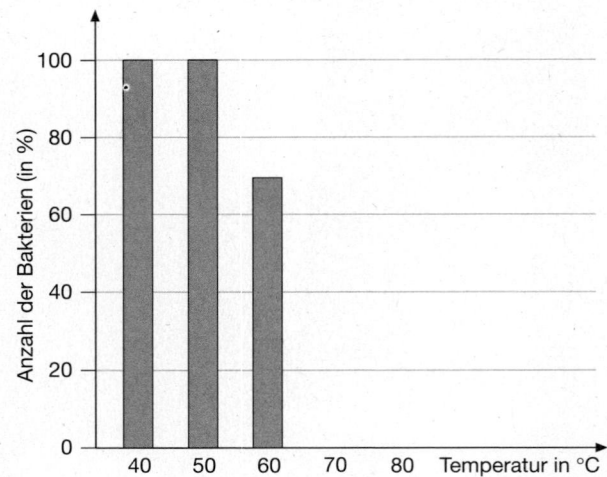

C Die von Salmonellen gebildeten Gifte werden weder durch Einfrieren noch durch Kochen zerstört.

1. Leite aus A, B und C Regeln zum Vermeiden von Salmonelleninfektionen ab. Begründe.

2. Wie konnte es bei der Geburtstagsparty zur Infektion mit Salmonellen kommen? Nenne verschiedene Möglichkeiten.

Rund ums Sauerkraut

1. Vergleich von Weißkohl und rohem Sauerkraut:

Inhalts-stoffe in %	Wasser	Eiweiß	Fett	Zucker	Milch-säure	Alkohol	Ballast-stoffe	Mineral-stoffe
Weißkohl frisch	93	1,2	0,2	2,8	–	–	2,2	0,6
Sauerkraut, roh	93	1,2	0,2	0,4	1,8	1,0	1,8	0,6

a) Zeichne ein Schaubild (100 % = 20 cm) als Blockdiagramm. Welche Zahlen lassen sich nur schwer darstellen. Warum?

_____

_____

b) Was hat sich beim Sauerkraut gegenüber dem Weißkohl geändert?

_____

_____

_____

c) Wie lassen sich die Veränderungen erklären?

_____

_____

_____

2. Miß und vergleiche den Säuregehalt von Sauerkrautsaft und anderen milchsäurehaltigen Nahrungsmitteln, z. B. Jogurt, Kefir, Weißkäse, Hüttenkäse.

_____

_____

3. Welche Bedeutung hat die Milchsäure in diesen Nahrungsmitteln?

_____

_____

_____

Viren lassen sich vermehren

1. Zeichne in die abgebildeten Viren mit rotem Farbstift jeweils das Viruserbgut ein. Markiere die Eiweißhülle blau.

2. Gib den Ablauf von Infektion und Virusvermehrung mit Pfeilen an und beschrifte.

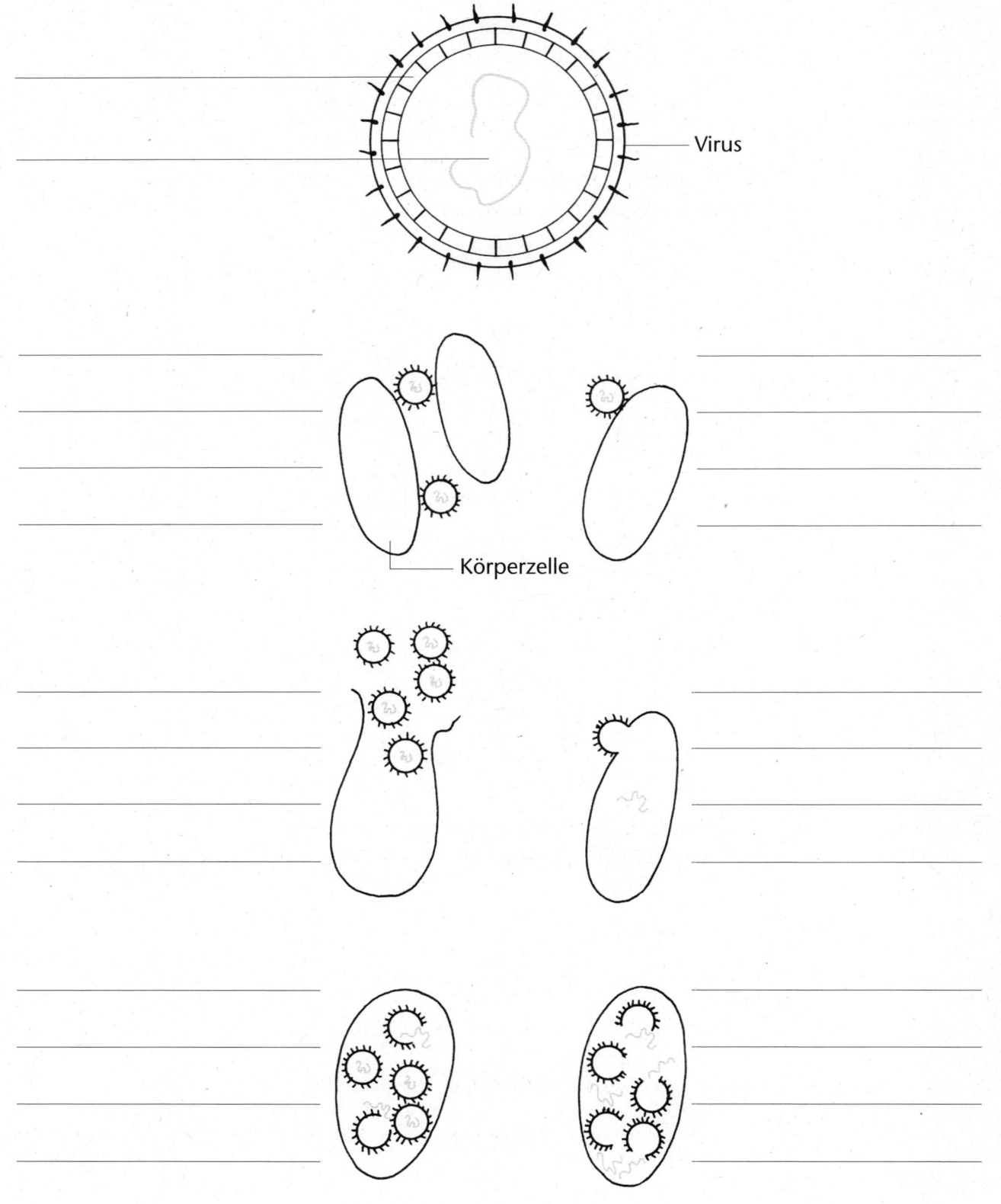

Der Körper wehrt sich

Bei einer Infektion treten zahlreiche Abwehrsysteme des Körpers in Aktion.
Einige sind hier am Beispiel einer Infektion durch Grippeviren dargestellt.
Gib an, wie die Abwehrzellen auf die Viren und aufeinander reagieren.
Zeig durch Pfeile die Wirkrichtungen an.

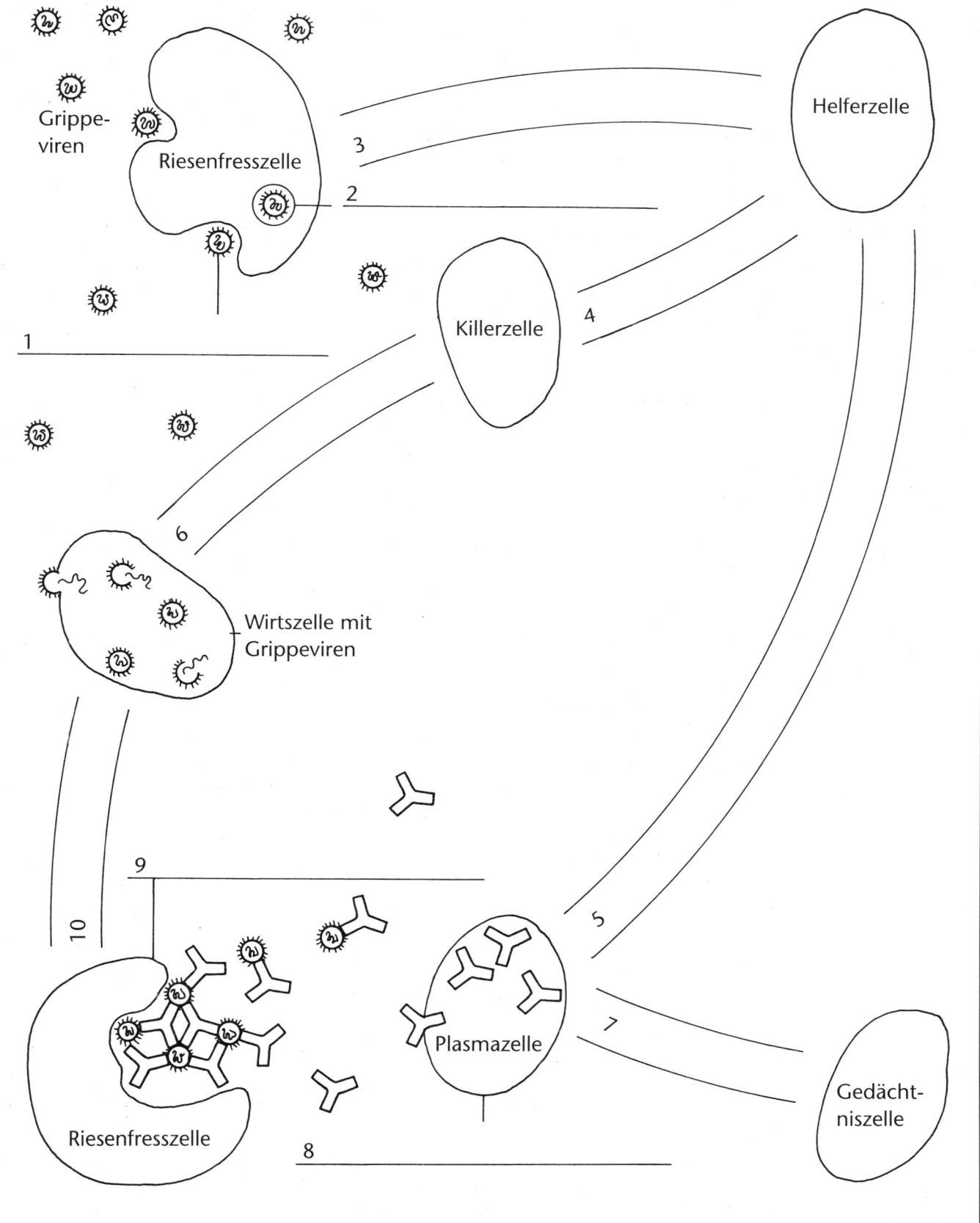

Aktive und passive Immunisierung

1. Schneide die einzelnen Abbildungen und die Textblöcke aus. Klebe die Texte jeweils in die richtige Figur.

2. Klebe die Bilder in der richtigen Reihenfolge auf und erkläre daran die aktive und passive Immunisierung.

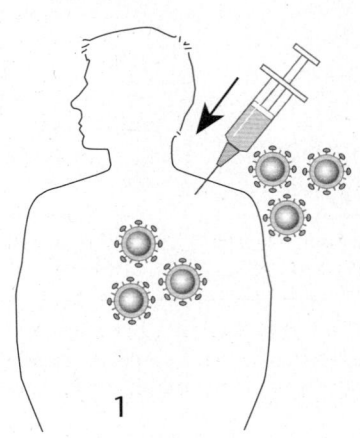
1

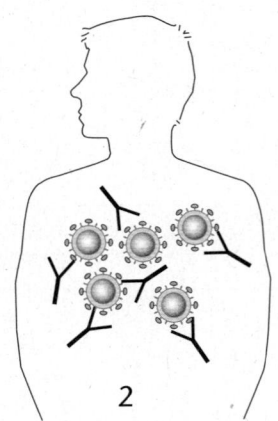
2

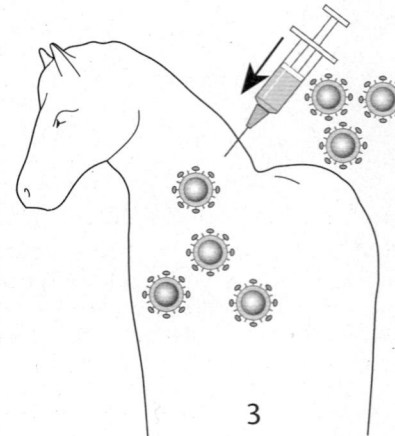
3

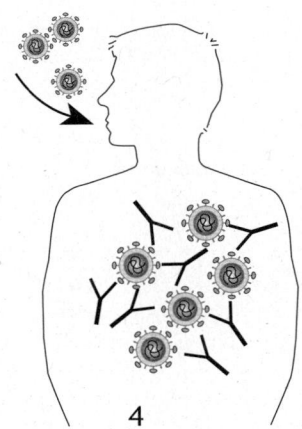
4

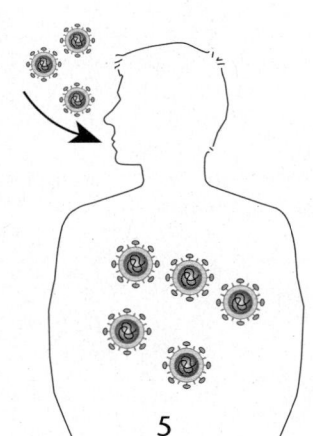
5

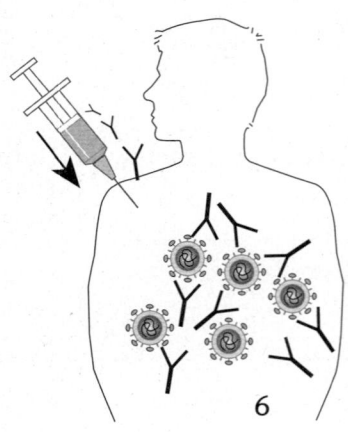
6

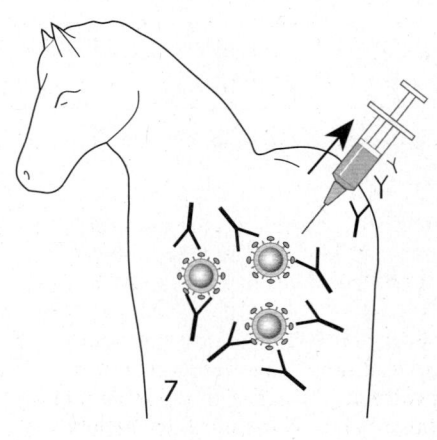
7

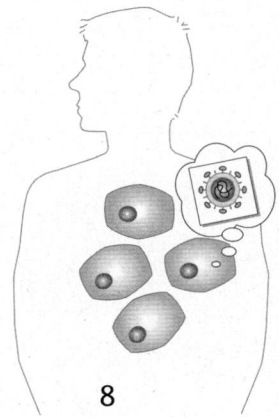
8

Infektion: Sofort Bildung von Antikörpern, die die Erreger unschädlich machen	Impfung mit abgeschwächten Krankheitserregern
Bildung von Gedächtniszellen; dauerhafter Impfschutz	Bekämpfung mit eingeimpften Antikörpern; kein dauerhafter Impfschutz
Abgeschwächte Krankheitserreger werden eingespritzt	Infektion: Die Krankheitserreger vermehren sich; die Krankheit bricht aus
Bildung von Antikörpern; Erreger werden unschädlich gemacht	Blut mit Antikörpern wird entnommen und zu Impfserum verarbeitet

Die häufigsten Bakterieninfektionen

Infektion	Infektionsweg	Symptome und Krankheitsverlauf
Durchfall (Diarrhoe)	verunreinigtes Trinkwasser oder Nahrungsmittel	Bauchschmerzen; durch flüssige Kotabgabe hoher Flüssigkeitsverlust
Salmonellose	verdorbene Lebensmittel	Übelkeit, Durchfall; kann lebensgefährlich werden
Typhus	Nahrung	wochenlanges hohes Fieber schwächt den Körper; Durchfall, Darmblutungen, Darmdurchbruch
Cholera	unsauberes Wasser oder Lebensmittel	Durchfall mit hohem Wasserverlust; unbehandelt tödlich bis 70 % der Fälle
Diphtherie	Tröpfchen	Rötung des Rachens, Fieber, Erstickungsgefahr durch Anschwellen des Rachens, Schädigung des Herzmuskels und Nervenlähmung durch Giftstoffe der Bakterien
Keuchhusten	Tröpfchen	Entzündung der Atemwege, keuchender Husten, Erstickungsgefahr
Scharlach	Tröpfchen	feuerroter Rachen, fleckiger roter Hautausschlag am ganzen Körper, entzündete Zunge („Himbeerzunge")
Wundstarrkrampf (Tetanus)	mit Verunreinigungen (Erde, Schmutz) in offenen Wunden	krampfartige Erstarrung der Muskulatur
Pest („Schwarzer Tod")	über Rattenfloh	Schwellungen der Lymphknoten („Beulenpest"), Blutungen unter der Haut (schwarze Flecken), Fieber, Zerstörung der Lunge („Lungenpest")
Röteln	Tröpfchen, Berührung	Anschwellen der Lymphdrüsen, Hautausschlag mit rosaroten Flecken zunächst im Gesicht, dann am ganzen Körper, schwaches Fieber
Mumps (Ziegenpeter)	Tröpfchen	Ohrspeicheldrüsen schwellen und schmerzen; Hoden können geschädigt werden (Folge: Sterilität)
Kinderlähmung (Poliomyelitis)	Tröpfchen, Berührung, Nahrung, Schmutz	Kopf-, Rücken-, Gliederschmerzen; z. T. Lähmungen, Skelett- und Gelenkveränderungen
Windpocken	Tröpfchen, Berührung	Fieber, juckender roter Hautausschlag mit Eiterbläschen
Masern	Tröpfchen	Rötung des Rachens, Schnupfen, Husten, hohes Fieber, Masernausschlag (Jahr für Jahr sterben weltweit ca. 1 Million Menschen an Masern).
Tollwut	Biss von infizierten Hunden, Katzen oder Wildtieren	lange Inkubationszeit (1–6 Monate); Kopfschmerzen, Krämpfe, Atemnot, qualvoller Durst mit Schluckbeschwerden („Wasserscheu"), schäumender Speichelfluss; bei nicht rechtzeitiger Behandlung tödlich.

Schutz vor einer HIV-Infektion

1981 wurden die ersten Fälle von AIDS bekannt. Weltweit sind inzwischen etwa 35 Millionen Menschen mit HIV infiziert, mehr als 17 Millionen an AIDS gestorben. In Deutschland haben sich seit Beginn der Epidemie zwischen 50 000 und 60 000 Menschen mit HIV infiziert, bei 22 000 Menschen ist AIDS ausgebrochen und 18 000 sind daran gestorben.

①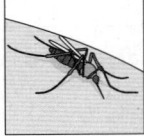
Insektenstiche

④
Niesen, Husten

⑦
Benutzung des Schwimmbads

⑩
sich berühren, miteinander schmusen

②
Geschlechtsverkehr ohne Kondom

⑤
Küssen

⑧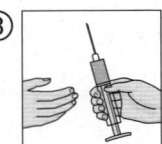
gemeinsame Benutzung von Spritzen

⑪
Versorgen blutender Wunden ohne Schutzhandschuhe

③
gemeinsame Benutzung von Geschirr

⑥
Geschlechtsverkehr mit Kondom

⑨
Benutzung von Toiletten

⑫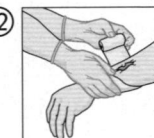
Versorgen blutender Wunden mit Schutzhandschuhe

1. Betrachte die Abbildungen. Wobei besteht so gut wie kein Risiko, sich mit HIV zu infizieren? Welches sind riskante Verhaltensweisen? Begründe.

2. Die ersten Fälle von AIDS wurden schon vor rund 25 Jahren bekannt. Ist es auch heute noch dringend notwendig sich vor einer Ansteckung mit HIV zu schützen? Begründe.

© Als Kopiervorlage freigegeben. Ernst Klett Verlag GmbH, Stuttgart 2006.

ISBN 3-12-113088-9

Gleichförmige Bewegung

1. a) Ein Auto verliert in jeder Sekunde einen Tropfen Öl. Miss die Entfernungen zwischen den Punkten und trage sie in die Tabelle ein.

b) Stelle die Werte übersichtlich in einem Weg-Zeit-Diagramm dar.

→ Fahrtrichtung

. . . .

Maßstab 1 : 1000

Zeit t	Weg s	Geschw. v
1 s	7,5 m	7,5 m/s
2 s	15,0 m	
3 s		
4 s		
5 s		
6 s		
7 s		
8 s	60,0 m	

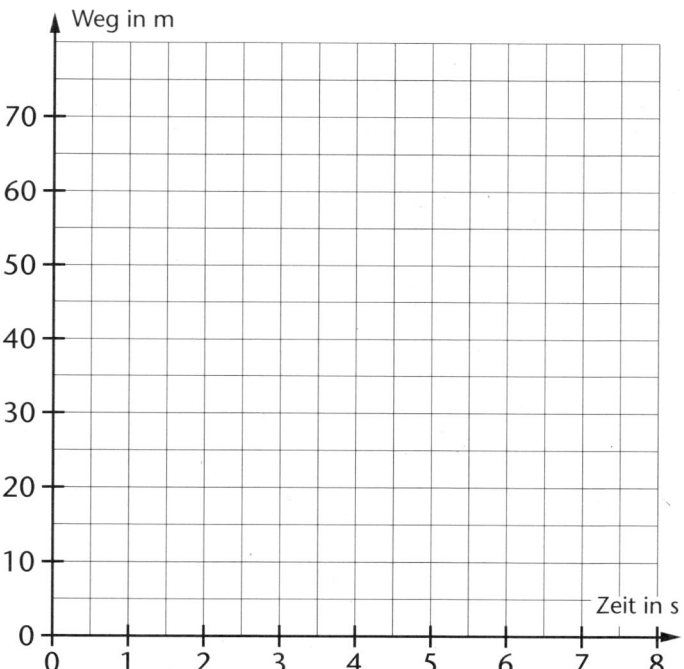

2. In allen Fahrzeugen fährt man nicht immer gleich schnell. Die Bewegungsformen wechseln je nach Verkehrssituation und Straßenlage. Ein Spezialfall ist die gleichförmige Bewegung. Was versteht man unter der gleichförmigen Bewegung?
Kreuze alle richtigen Antworten an.
Gleichförmige Bewegung liegt vor,

☐ wenn die Geschwindigkeit immer um den gleichen Betrag zunimmt;

☐ wenn in gleichen Zeiten gleiche Wegstrecken zurückgelegt werden;

☐ wenn die Geschwindigkeit konstant bleibt;

☐ wenn in gleichen Zeiten verschiedene Wege zurückgelegt werden.

3. | **Definition:** Durchschnittsgeschwindigkeit = $\dfrac{\text{Weg}}{\text{Zeit}}$ $v =$ _____ |

a) Übe das Umrechnen:

2,5 km = _____ m   400 m = _____ km   0,075 km = _____ m

150 s = _____ min   2 min = _____ s   0,1 min = _____ s

18 s = _____ min   1 h = _____ s   2,5 h = _____ min = _____ s

b) Rechne in $\dfrac{m}{s}$ oder $\dfrac{km}{h}$ um:

$1 \dfrac{m}{s}$ = _____ $\dfrac{km}{h}$ $72 \dfrac{km}{h}$ = _____ $\dfrac{m}{s}$ $162 \dfrac{km}{h}$ = _____ $\dfrac{m}{s}$

$144 \dfrac{m}{s}$ = _____ $\dfrac{km}{h}$ $25 \dfrac{m}{s}$ = _____ $\dfrac{km}{h}$ $60 \dfrac{m}{s}$ = _____ $\dfrac{km}{h}$

Das Weg-Zeit-Diagramm

1. Ein Lokführer, ein Rennradfahrer, ein Wanderer und ein Ruderer bewegen sich mit gleich bleibender Geschwindigkeit. Ergänze die Tabelle.

Lokführer (A)	Rennradfahrer (B)	Wanderer (C)	Ruderer (D)
20 m in 1 s	15 m in 1 s	10 m in _____	_____ in 4 s
40 m in _____	30 m in _____	20 m in 10 s	25 m in 5 s
60 m in _____	60 m in _____	_____ in 15 s	_____ in 7 s
v =	v =	v =	v =

2. Stelle die Geschwindigkeiten von A, B, C, und D in einem Diagramm dar.
A = rot, B = grün, C = blau, D = gelb. (Ein weiteres Fahrzeug E ist schon eingetragen.)

Bild 1

Je steiler die Gerade im Diagramm ist, desto _____ ist die Geschwindigkeit.

Je flacher die Gerade im Diagramm ist, desto _____ ist die Geschwindigkeit.

Lies aus dem Diagramm für Fahrzeug D die Wegstrecke ab, die es zurücklegt in:

3 s: _____   4 s: _____

6 s: _____   1 s: _____

Was geschieht nach 5 Sekunden mit Fahrzeug E?

_____

3. Ein Zug ist mit jeweils gleich bleibender Geschwindigkeit zwei Strecken gefahren (Bild 2). Die Geschwindigkeit zwischen

- A und B beträgt v = _____
- B und C beträgt v = _____
- C und D beträgt v = _____

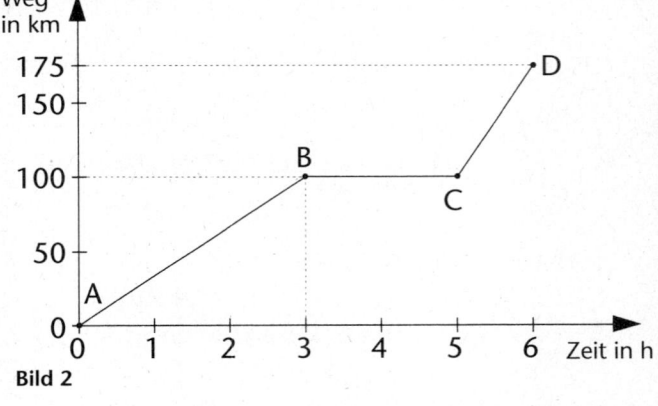
Bild 2

Ermittle aus Bild 3 die gesuchten Größen und ergänze die Tabelle.

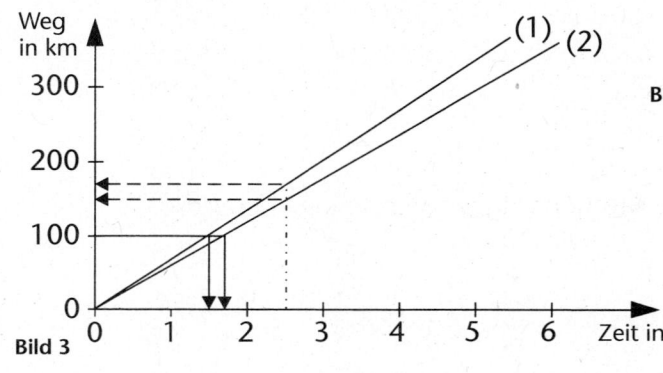
Bild 3

	(1)	(2)
v		
s nach 2,5 h		
t für 100 km		

Ungleichförmige Bewegung und Momentangeschwindigkeit

1. In welchem der folgenden Fälle liegt eine ungleichförmige Bewegung vor? Kreuze an.

☐ In gleichen Zeitspannen werden gleich lange Wege zurückgelegt.

☐ Die Tachometernadel bewegt sich.

☐ Ein Autofahrer bremst.

☐ Kurvenfahrt mit konstanter Geschwindigkeit.

☐ Ein Apfel fällt vom Baum.

☐ Die Tachometernadel bleibt bei gerader Fahrstrecke an der gleichen Stelle.

2. Ein Wagen wird durch die Gewichtskraft von Wägestücken beschleunigt. Im Versuch a) wird die Beschleunigungskraft verändert, im Versuch b) die Masse des Wagens.

a) Was ergibt sich, wenn man immer mehr Wägestücke zum Ziehen anhängt?

_____

_____

b) Im zweiten Versuch bleibt die Zahl der ziehenden Wägestücke gleich. Dafür wird der Wagen immer stärker beladen. Ergebnis:

_____

3. Ermittle die Durchschnittsgeschwindigkeit im Weg-Zeit-Diagramm. $v =$ _____

Die Geschwindigkeit in einem bestimmten Augenblick

heißt _____.

Die Momentangeschwindigkeit

ist im Zeitabschnitt ① _____

als die Durchschnittsgeschwindigkeit

und im Zeitabschnitt ② _____ .

4. Wie berechnet man die Durchschnittsgeschwindigkeit?

_____

_____

Was gibt es über die Durchschnitts- und die Momentangeschwindigkeit zu sagen?

Gleichförmige Bewegung: _____

Beschleunigte Bewegung: _____

Die Beschleunigung im Diagramm

1. Die beiden folgenden Tabellen enthalten Messwerte einer gleichförmigen und einer beschleunigten Bewegung.

Gleichförmige Bewegung:				
Weg in m:	2,5	5,0	10	15
Zeit in s:	1,0	2,0	4,0	6,0
Geschwindigkeit in m/s:	2,5	2,5	2,5	2,5

Beschleunigte Bewegung:				
Weg in m:	1	4	16	36
Zeit in s:	1	2	4	6
Geschwindigkeit in m/s:	2	4	8	12

a) Zeichne die Messwerte in das Weg-Zeit-Diagramm (Bild 1) und in das Geschwindigkeits-Zeit-Diagramm (Bild 2) ein.
Zeichne die gleichförmige Bewegung blau und die beschleunigte Bewegung rot ein.

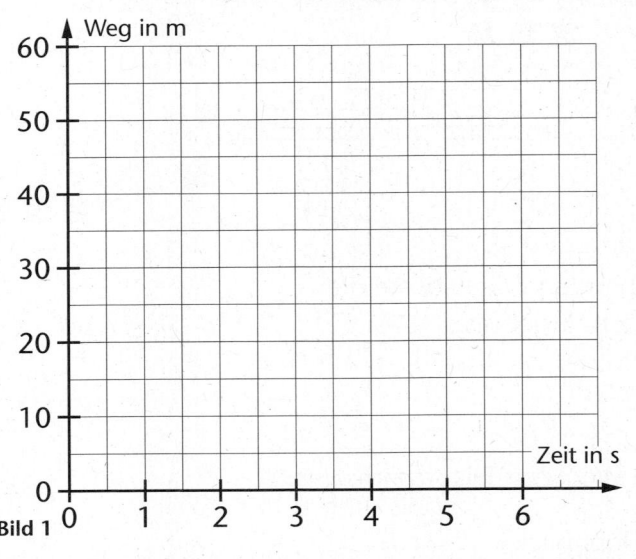
Bild 1

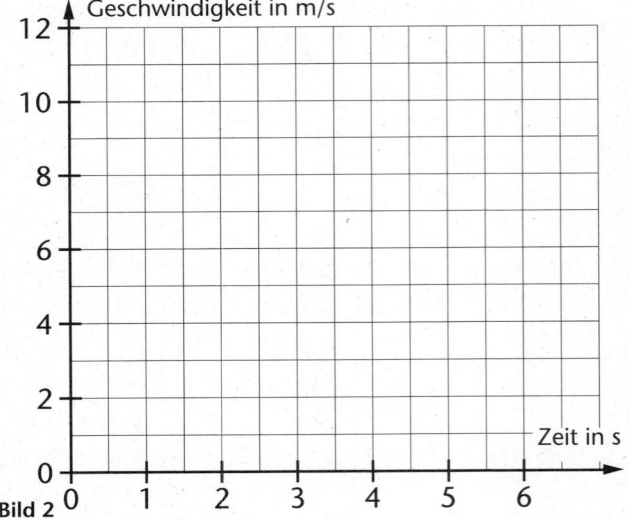
Bild 2

b) Wie unterscheiden sich die beiden Kurven in den Diagrammen?

_____

_____

_____

2. Um was für ein Diagramm handelt es sich bei Bild 3? _____

In welchen Zeitabschnitten fährt das Fahrzeug
- gleichförmig? _____
- beschleunigt? _____
- verzögert? _____
- überhaupt nicht? _____

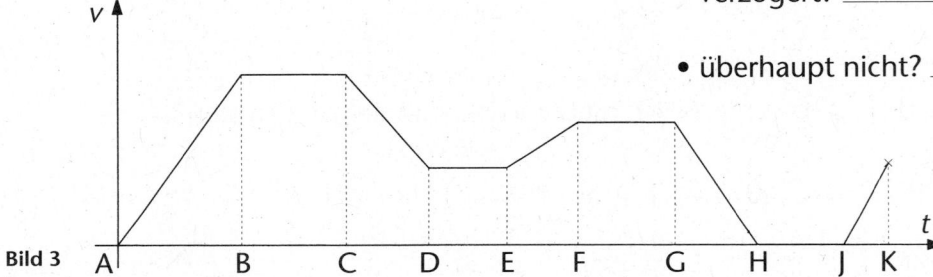
Bild 3

© Als Kopiervorlage freigegeben. Ernst Klett Verlag GmbH, Stuttgart 2006.

ISBN 3-12-113088-9

Das NEWTON'sche Kraftgesetz

1. In zwei Versuchsreihen wird ein Wagen durch angehängte Wägestücke aus dem Stand beschleunigt. Die Beschleunigungsstrecke ist 1 m lang. Am Ende dieser Strecke wird die Geschwindigkeit des Wagens gemessen.
- In der ersten Versuchsreihe wird die Beschleunigungskraft geändert, die Masse des Wages bleibt gleich.
- In der zweiten Versuchsreihe wird die Masse des Wagens geändert, die Beschleunigungskraft bleibt gleich.

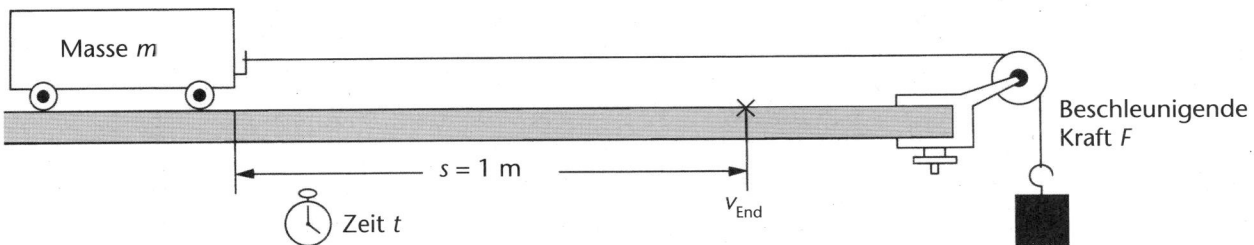

Für beide Versuchsreihen sind hier die Messtabellen aufgeschrieben. Errechne die Beschleunigung aus der Geschwindigkeit und der Zeit. (Runde auf 1 Dezimalstelle.) Versuche den Zusammenhang zwischen der Beschleunigung, der beschleunigenden Kraft und der Masse herauszufinden.

Kraft F in N = kg · m/s²	1,0	2,0	3,0	4,0	5,0
Masse m in kg	1,0	1,0	1,0	1,0	1,0
Zeit t in s	1,41	1,00	0,82	0,71	0,63
Geschwindigkeit v_{End} in m/s	1,41	2,00	2,45	2,83	3,16
Beschleunigung a in m/s²					

Kraft F in N = kg · m/s²	2,0	2,0	2,0	2,0	2,0
Masse m in kg	1,0	1,5	2,0	2,5	3,0
Zeit t in s	1,00	1,22	1,41	1,58	1,73
Geschwindigkeit v_{End} in m/s	2,00	1,63	1,41	1,26	1,15
Beschleunigung a in m/s²					

2. | **Definition:** Beschleunigende Kraft = Masse · Beschleunigung $F = m \cdot a$ |

Berechne jeweils die Kraft, welche den Körper beschleunigt.

Ein Körper von 4 kg Masse wird mit $a = 2\,m/s^2$ beschleunigt: $F =$ _____

Ein Körper von 8 kg Masse wird mit $a = 1\,m/s^2$ beschleunigt: $F =$ _____

Ein Körper von 0,5 kg Masse wird mit $a = 2\,m/s^2$ beschleunigt: $F =$ _____

3. Welches Fahrzeug beschleunigt bei Vollgas am stärksten? Gib die richtige Reihenfolge an.

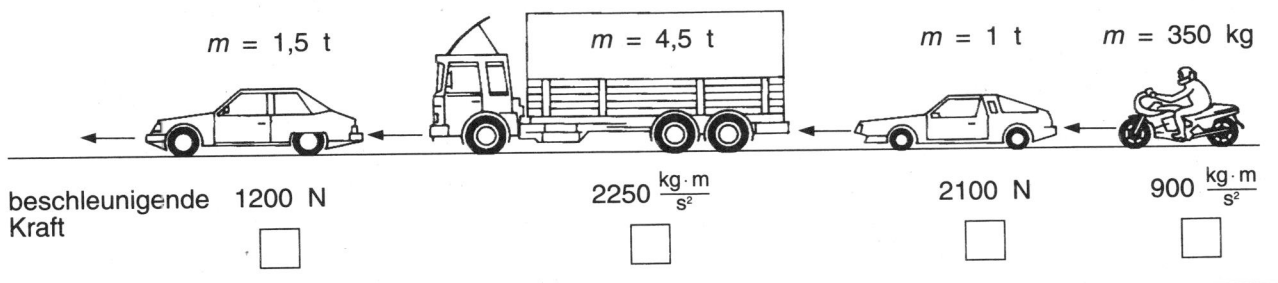

Das Weg-Zeit-Gesetz und der freie Fall

Definition: Für eine gleichmäßig beschleunigte Bewegung aus dem Stand heraus gilt:

Beschleunigung = $\frac{\text{erreichte Geschwindigkeit}}{\text{vergangene Zeit}}$ $a = \frac{v_{End}}{t}$ oder $v_{End} = a \cdot t$

Die Durchschnittsgeschwindigkeit $\bar{v}$ ist die halbe Endgeschwindigkeit: $\bar{v} = \frac{1}{2} \cdot v_{End}$

Diese beiden Formeln fassen wir jetzt zusammen: $\bar{v} = \frac{1}{2} \cdot a \cdot t$.

Will man auch den zurückgelegten Weg wissen, braucht man noch die bekannte Formel $s = \bar{v} \cdot t$.

Setzt man die Formel für $\bar{v}$ ein, ergibt sich $s = \frac{1}{2} \cdot a \cdot t \cdot t$ oder $\boxed{s = \frac{1}{2} \cdot a \cdot t^2}$

1. Musteraufgabe: Ein Auto wird aus dem Stand mit a = 3,5 m/s² beschleunigt.
Wie groß ist nach 9,4 s seine Endgeschwindigkeit? Welchen Weg hat es dann zurückgelegt?

$v_{End} = a \cdot t$ $v_{End} = 3,5 \frac{m}{s^2} \cdot 9,4\,s = 32,9 \frac{m}{s}$

$s = \frac{1}{2} \cdot a \cdot t^2$ $s = \frac{1}{2} \cdot 3,5 \frac{m}{s^2} \cdot (9,4\,s)^2 = \frac{1}{2} \cdot 3,5 \frac{m}{s^2} \cdot 88,36\,s^2 = 154,63\,m$

Führe die gleiche Rechnung mit anderen Wertepaaren aus:
a) $a = 2\,m/s^2$; $t = 12\,s$

b) $a = 5,2\,m/s^2$; $t = 15\,s$

2. Die folgende Tabelle enthält Werte für gleichmäßig beschleunigte Bewegungen aus dem Stand. Berechne die fehlenden Angaben.

a	2,4 m/s²		3,2 m/s²		1,5 m/s²		2,4 m/s²
t		9,4 s		4,5 s		9,4 s	
v_{End}	19,2 m/s	16,92 m/s			43,2 km/h	100 km/h	100 km/h
s			25,6 m	20,25 m			

3. Der freie Fall ist auch eine gleichmäßig beschleunigte Bewegung „aus dem Stand". Die beschleunigende Kraft ist die Erdanziehungskraft. Die Beschleunigung ist für alle Körper gleich – zumindest dann, wenn wir die Luftreibung vernachlässigen:

$\boxed{\text{Fallbeschleunigung}\quad g = 9,81\,m/s^2}$

Die folgende Tabelle enthält Werte für freie Fallbewegungen ohne Berücksichtigung der Luftreibung. Ergänze die fehlenden Werte.

Fallstrecke s	2000 m	m	m	m	m	m
Endgeschw. v_{End}	km/h	160 km/h	m/s	m/s	74 m/s	m/s
Zeit t	s	s	36 s	7,2 s	s	18 s

Die mechanische Leistung

1. Es ist nicht nur wichtig, dass eine Arbeit getan wird, wichtig ist auch wie schnell die Arbeit fertig ist. Zwei Bauarbeiter heben jeweils einen Stapel Steine auf das Gerüst und brauchen unterschiedlich viel Zeit dazu. Arbeiter A braucht 8 Sekunden und Arbeiter B benötigt 10 Sekunden.

Arbeiter A benötigt für die Arbeit _____ Zeit

und vollbringt damit eine höhere _____.

Je kürzer _____ desto _____ ist die Leistung.

2. Berechne die Leistung der beiden Arbeiter.
Masse eines Steinstapels 40 kg, Gewichtskraft 400 N. Höhe des Gerüsts 3 m.

Arbeiter A: 1. Arbeit berechnen:

Arbeit = _____ · _____ = _____ N · _____ m = _____ Nm

= _____ Joule

2. Durch die benötigte Zeit dividieren:

$$\text{Leistung} = \frac{\text{Arbeit}}{\text{Zeit}} = \frac{\text{\_\_\_\_\_ Joule}}{\text{\_\_\_\_\_ Sekunden}} = \text{\_\_\_\_\_} \frac{\text{Joule}}{\text{Sekunde}} = \text{\_\_\_\_\_ Watt}$$

Arbeiter B: Die Arbeit ist _____ wie bei A: _____ Joule

$$\text{Leistung} = \frac{\text{Arbeit}}{\text{Zeit}} = \frac{\text{\_\_\_\_\_ Joule}}{\text{\_\_\_\_\_ Sekunden}} = \text{\_\_\_\_\_} \frac{\text{Joule}}{\text{Sekunde}} = \text{\_\_\_\_\_ Watt}$$

Ergebnis: Arbeiter A hat _____ als Arbeiter B geleistet.

3. Merke: | Leistung = ───── P = ───── 1 Watt = ─────

4. 1000 Watt = 1 Kilowatt
1000 W = 1 kW

Die Leistungen von Maschinen werden in _____ oder _____ angegeben.

Die elektrische Leistung

1. Die Leistung wurde früher bei Autos in PS angegeben. Heute wird die Leistung überall

nur noch in _____ oder _____ angegeben. 1 kW = _____ W

Erkundige dich nach der Leistung eines Autos.

Fahrzeugtyp: _____ Leistung: _____

2. Auf einer Glühlampe sind 15 W angegeben, auf einer anderen 100 W.

Welche leuchtet heller? Die Glühlampe mit _____

3. Wenn Geräte nach ihrer Wattzahl verglichen werden, bedeutet eine höhere Wattzahl

eine höhere _____ . Was bedeutet es für dich als Käufer dieses Gerätes?

Trage es in die Tabelle ein.

Gerät	mit höherer Leistung
Glühlampe	größere Helligkeit
Radiorekorder	
Tauchsieder	
Motor	
Föhn	
Heizlüfter	

4. Ein Elektromotor, der mit Netzspannung (230 V) arbeitet, soll eine Last
mit der Masse m in einer bestimmten Zeit t auf die Höhe s heben.
Berechne die fehlenden Angaben.

Stromstärke I	Leistung P	Masse m	Zeit t	Höhe s
10 A		100 kg	10 s	
	115 W	11,5 kg	10 s	

Leistung und Arbeit

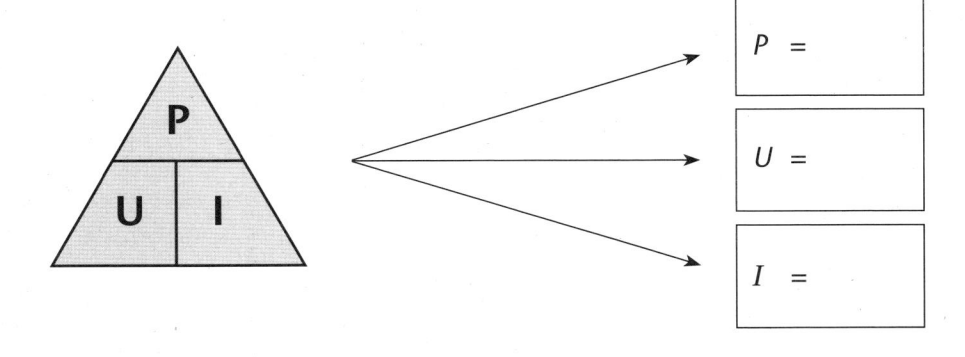

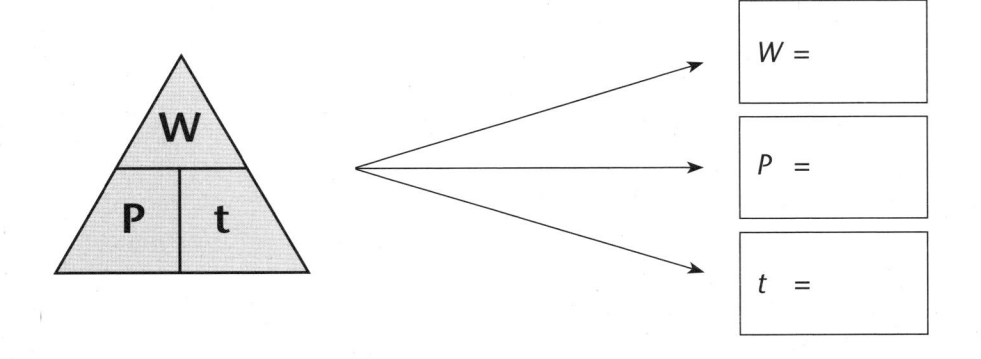

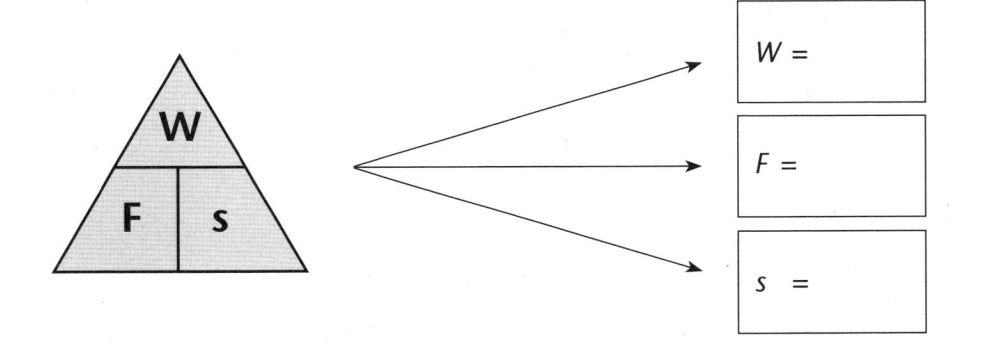

P = U · I
U = P / I
I = P / U

W = P · t
P = W / t
t = W / P

W = F · s
F = W / s
s = W / F

Fülle die Tabelle aus:

U in V	I in A	P in W	F in N	s in m	t in s	W in J
12	2	24	20	12	10	240
12	5		10		2,5	
	1,5	18		3		18
12		36	10			18
12	2,5		20	1,5		

Energieumwandlungen

1. Welche Energieformen werden in den beiden Fällen jeweils ineinander umgewandelt?

a) Ein Tennisball fällt zu Boden und hüpft eine Weile, bis er zur Ruhe kommt.

_____

_____

_____

b) Ein Pfeil wird mit der Armbrust senkrecht in die Luft geschossen und fällt wieder zu Boden.

_____

_____

2. Wie kann man die Reibung in Maschinen und Fahrzeugen möglichst klein halten?

_____

_____

3. Ein Schüler befestigt an der Zimmerdecke eine Schnur, an die er ein schweres Gewicht hängt. Damit hat er ein Pendel gebaut. Er bewegt das Gewicht in Richtung Fenster, sodass sich Eisen und Glas gerade berühren. Nun lässt er das Gewicht vorsichtig los. Es schwingt vom Fenster weg, kehrt um und … Was passiert?
Alle Zuschauer erwarten ein heftiges Klirren. Du auch?

_____

_____

_____

_____

_____

_____

_____

_____

Kohle – Energieträger und Rohstoff

Steinkohle und Braunkohle sind die einzigen Energieträger, von denen es in Deutschland große Lagerstätten gibt. Mit Ausnahme der Hausheizung wird Kohle vom Verbraucher nicht direkt genutzt, sondern zur Erzeugung von elektrischer Energie in Kohlekraftwerken verbrannt. Kohle ist aber nicht nur ein Brennstoff für Kraftwerke und Heizungen, sondern auch ein wertvoller Rohstoff für Chemikalien.

1. Beschreibe die Umwandlung von abgestorbenen Pflanzen in Steinkohle.

2. a) Welcher Zusammenhang lässt sich aus der Tabelle ablesen?

Brennstoff	Kohlenstoff-anteil	Heizwert
Holz	50 %	13 600 kJ/kg
Torf	56 %	15 700 kJ/kg
Braunkohle	70 %	18 800 kJ/kg
Steinkohle	85 %	31 400 kJ/kg
Holzkohle	90 %	31 600 kJ/kg
Anthrazit	92 %	34 300 kJ/kg

b) Warum wird Braunkohle meist unmittelbar am Förderort in Kraftwerken verbrannt?

3. Der größte Teil der nicht in Kraftwerken eingesetzten Steinkohle wird verkokt.
a) Was versteht man unter der Verkokung der Kohle?

b) Welchen festen Rückstand erhält man bei der Verkokung? Wozu wird dieser verwendet?

© Als Kopiervorlage freigegeben. Ernst Klett Verlag GmbH, Stuttgart 2006.

ISBN 3-12-113088-9

Der Ottomotor

1. Die ersten Ottomotoren wurden ortsfest mit _____ betrieben. Ottomotoren wandeln _____ in mechanische Energie um. CARL BENZ baute den Motor in _____ ein und betrieb ihn mit _____ .

2. Die Funktion des Viertaktmotors

	1. Takt	2. Takt	3. Takt	4. Takt
Bezeichnung				
Was passiert?				

Das Zündsystem des Ottomotors

Das Zündsystem hat zwei Stromkreise:
- Der Primärkreis (12 Volt) geht vom Pluspol der Batterie über das Zündschloss, die Primärwicklung der Zündspule und den Unterbrecher zur Masse.
- Der Sekundärkreis (ca. 30 000 Volt) geht von der Sekundärwicklung der Zündspule über den Zündverteiler und die Zündkerzen zur Masse.

Der Motor treibt die Verteilerwelle an. Auf der Verteilerwelle sitzen so viele Nocken wie der Motor Zylinder hat. Die Nocken steuern den Unterbrecherkontakt. Kurz vor dem oberen Totpunkt des Verdichtungstaktes unterbricht der Unterbrecher den Primärkreis. Dadurch wird in der Sekundärspule eine hohe Spannung inzuziert. Der Verteilerfinger leitet die Spannung an die jeweils richtige Zündkerze weiter.

Schneide die Bauteile aus und klebe sie in einer sinnvollen Anordnung in dein Heft. Benenne die Bauteile und zeichne die beiden Stromkreise in unterschiedlichen Farben ein.

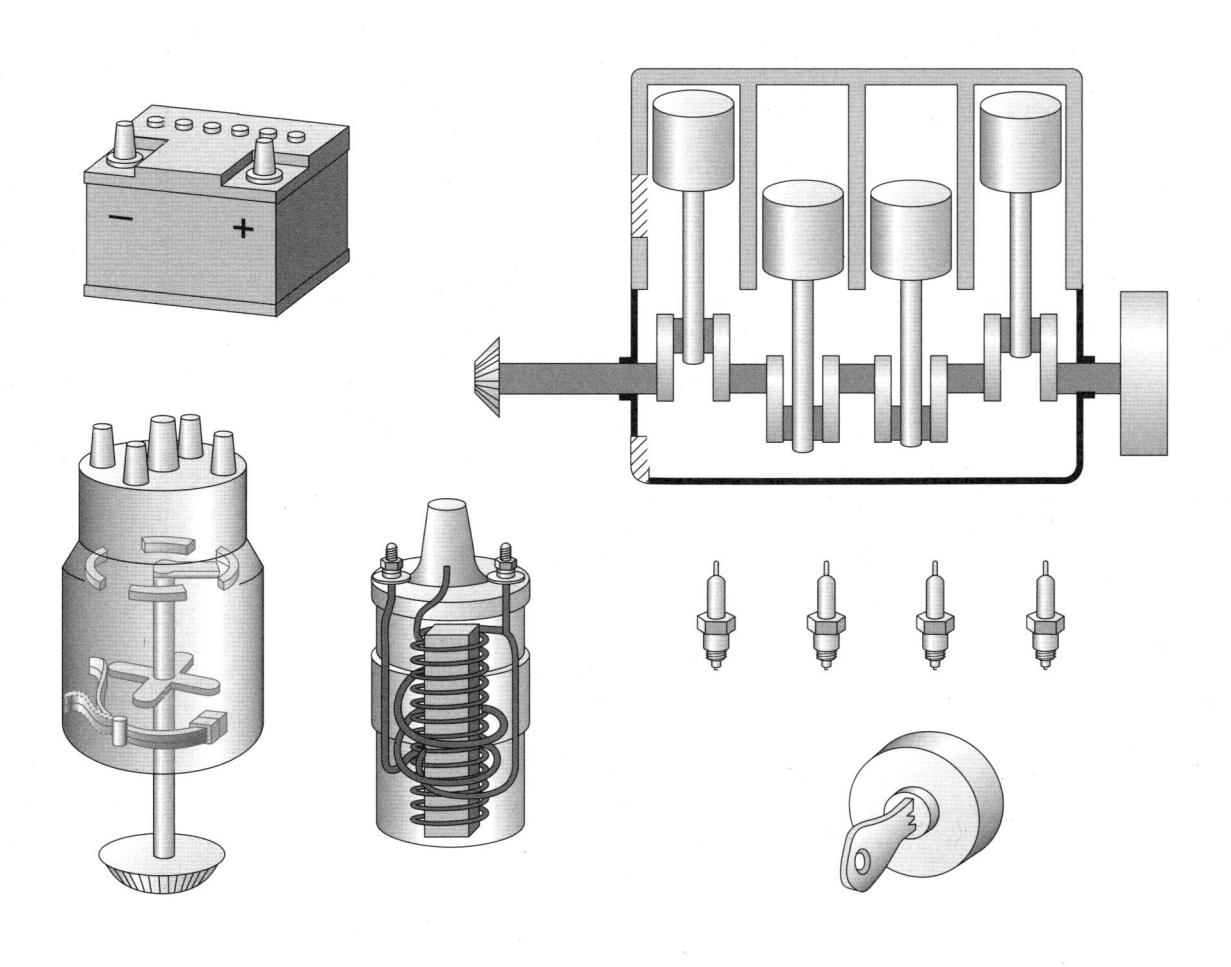

Primärenergie

Die in der Natur vorkommenden Energieträger werden als Primärenergieträger bezeichnet.
Man unterscheidet erneuerbare und nicht erneuerbare Energieträger.
Schreibe unter die Abbildungen die Bezeichnungen für die Primärenergieträger.
Schneide die Abbildungen aus und klebe sie in das passende Feld.

Erneuerbare (regenerative) Primärenergie: Der Anteil am Energieverbrauch in Deutschland lag im Jahr 2000 bei 2%.	Nicht erneuerbare Primärenergie: 98% Verbrauchsanteil im Jahr 2000

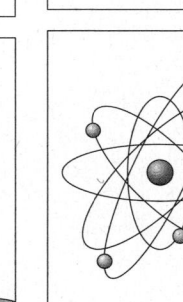

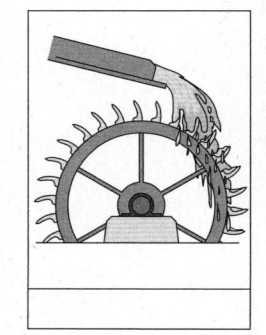

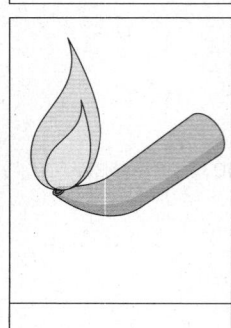

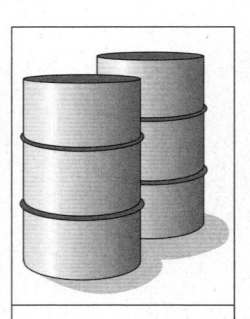

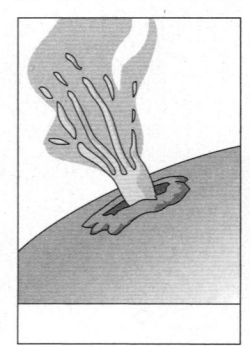

Wärmekraftwerke

1. Elektrische Energie ist _____ energie, die erst aus einer anderen _____ gewonnen werden muss. Ungefähr _____ % unseres Stroms wird durch Verbrennung von _____ erzeugt. Mit _____ wird der Kessel befeuert und _____ erzeugt.

Der Dampf treibt die _____ an und diese den Generator.

Zur Rückkühlung des Dampfes benötigt man große Mengen _____ .

2. In drei **Reinigungsstufen** reinigt man das Abgas:

Reinigungsstufe	Was wird entfernt?	Welcher Stoff bleibt übrig?

Trotz Abgasreinigung belastet ein Wärmekraftwerk die Umwelt immer noch durch Abgabe

von _____ .

3. Energiebilanz:

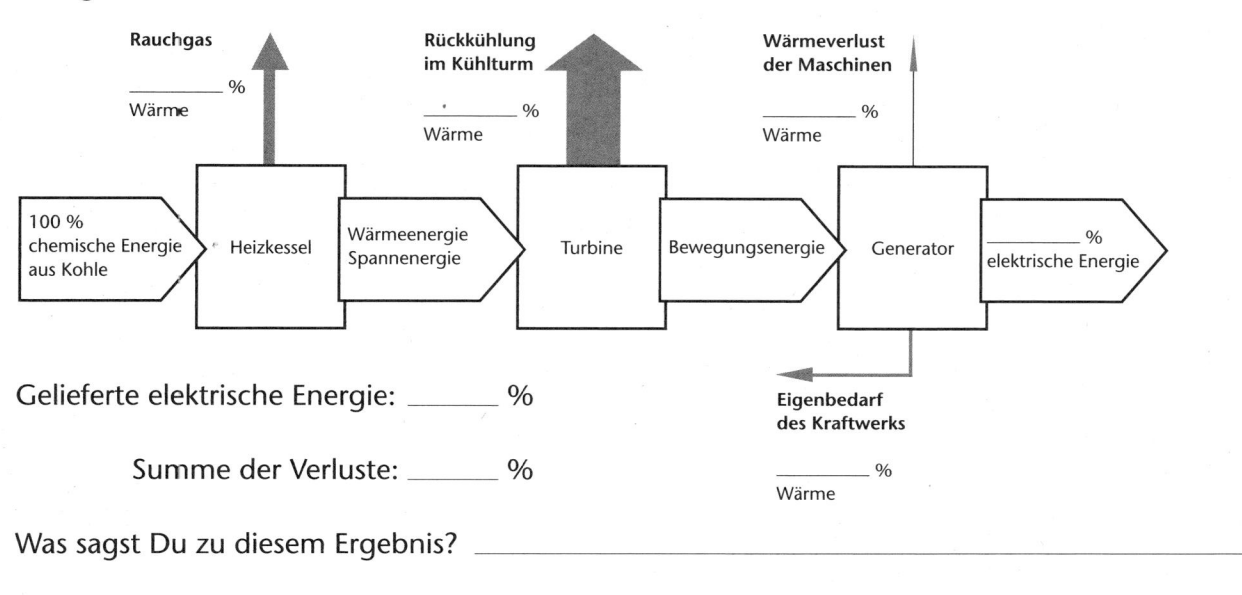

Rauchgas _____ % Wärme

Rückkühlung im Kühlturm _____ % Wärme

Wärmeverlust der Maschinen _____ % Wärme

100 % chemische Energie aus Kohle → Heizkessel → Wärmeenergie Spannenergie → Turbine → Bewegungsenergie → Generator → _____ % elektrische Energie

Eigenbedarf des Kraftwerks _____ % Wärme

Gelieferte elektrische Energie: _____ %

Summe der Verluste: _____ %

Was sagst Du zu diesem Ergebnis? _____

_____

Der Abgaskatalysator

Durch den Einsatz von Katalysatoren ist es möglich, den Schadstoffanteil der Abgase eines Benzinmotors zu verringern.

Aufbau eines Abgaskatalysators

Ausgangsmaterial für den in der Automobilindustrie am häufigsten verwendeten Keramik-Monolith-Katalysator ist eine kristalline Substanz aus Magnesium-Aluminium-Silicat, die eine äußerst geringe Wärmeausdehnung und sehr hohe Hitzebeständigkeit aufweist. Aus ihr besteht der wabenartig aufgebaute Keramikzylinder.
Viele feine Kanäle mit quadratischem Querschnitt ergeben die Wabenstruktur. Die Oberfläche dieser Kanäle wird mit Edelmetallen beschichtet.
Ein Drahtgeflecht, das den empfindlichen Monolithen umgibt, sichert diesen gegen Erschütterungen und Wärmeabgabe gegenüber dem Gehäuse.

Arbeitsweise eines geregelten Abgaskatalysators

Damit sowohl Oxidations- als auch Reduktionsprozesse ablaufen können, ist jeweils ein ganz bestimmtes Kraftstoff-Luft-Gemisch Voraussetzung. Dies wird durch einen elektronisch gesteuerten Regelkreis mit einem Sauerstoffmessgerät erreicht. Die so genannte Lambdasonde wird dem Katalysator vorgeschaltet, um eine genaue Kontrolle der Gemisch-Steuerung zu gewährleisten, wodurch die Einspritzung des Kraftstoffes immer richtig geregelt wird.

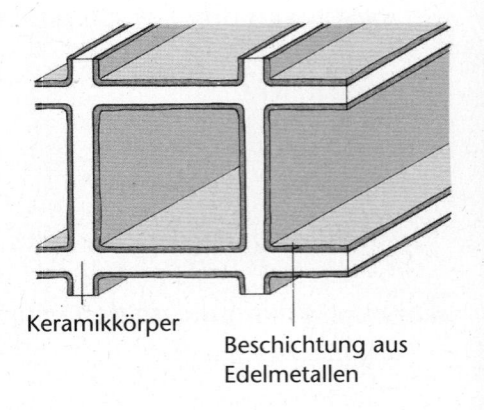

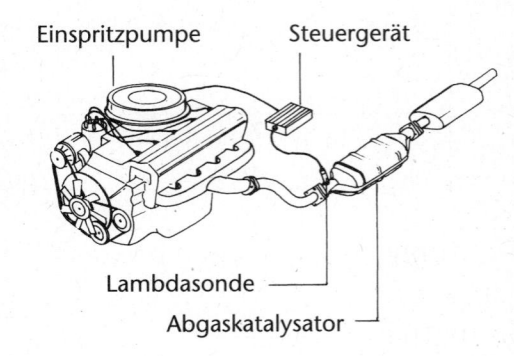

1. Trage in das nebenstehende Schnittbild die Abgasschadstoffe und deren Reaktionsprodukte ein und bezeichne die Bauteile.

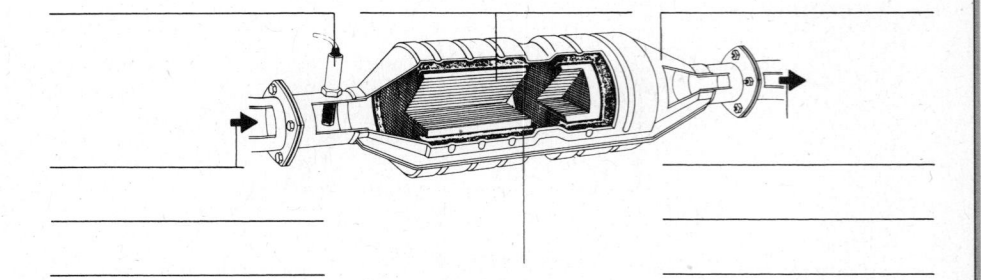

2. Welche Metalle werden als Katalysatoren verwendet?

3. Warum dürfen Kraftfahrzeuge, die mit einem Katalysator ausgerüstet sind, nur mit bleifreiem Benzin betrieben werden?

Nutzung der Erdwärme

Die Erdwärme oder Geothermie stammt zu 30 % aus den Zeiten, als die Erde ein glühender Himmelskörper war. 70 % der Wärme werden ständig durch den Zerfall radioaktiver Elemente im Erdkern erzeugt. Deshalb nimmt die Erdtemperatur nicht ab und ist rund um die Uhr nutzbar.

1. Hydrothermale Erdwärmenutzung

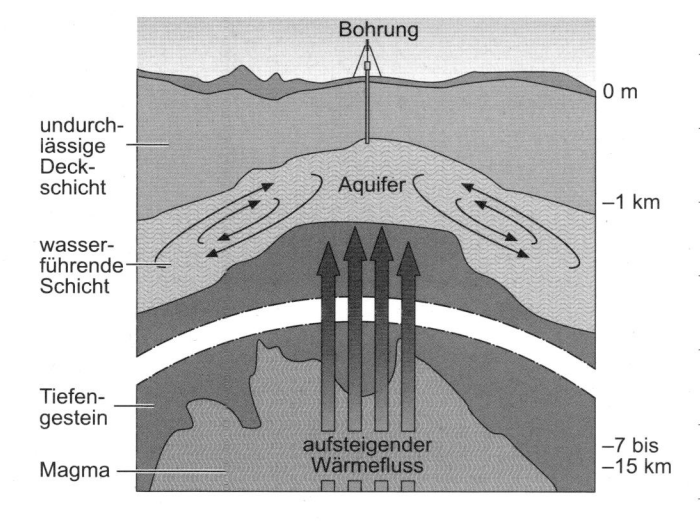

Beschreibe mithilfe der Zeichnung die Entstehung und Nutzung von „heißem Mineralwasser".

2. Hot-Dry-Rock-Verfahren

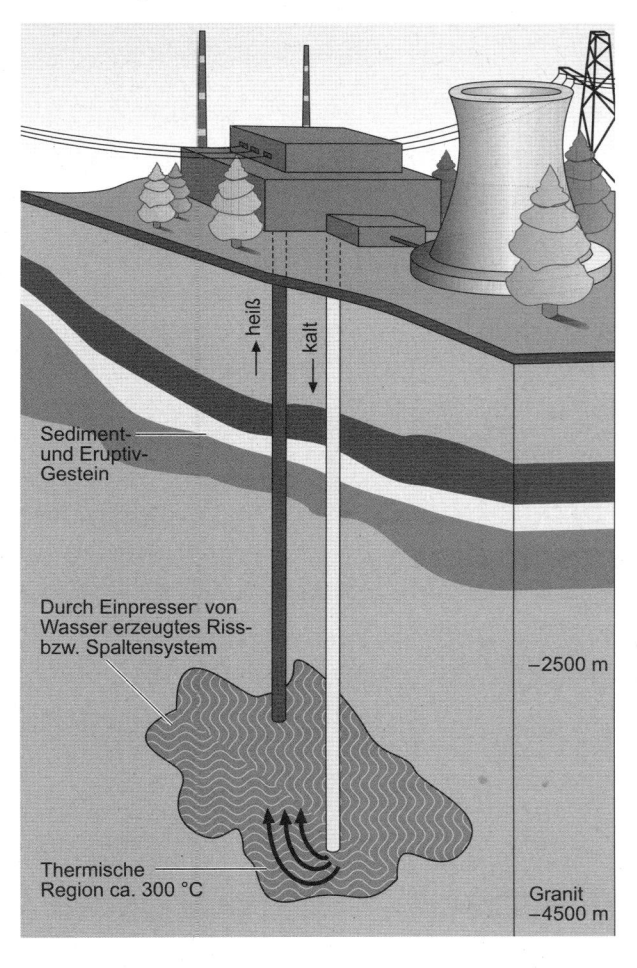

Beschreibe, wie mit dem Hot-Dry-Rock-Verfahren Strom gewonnen werden kann.

Warmwasserbereitung mit dem Sonnenkollektor

1. Das Wasser kann nicht direkt mit dem Sonnenkollektor erwärmt werden, da im Winter die außen liegenden Leitungen einfrieren würden. Deshalb benötigt man ein Frostschutzmittel im Kollektorkreislauf und einen Wärmetauscher. Damit auch an sonnenarmen Tagen Warmwasser zur Verfügung steht, hat die Anlage eine Zusatzheizung.

Zeichne den Durchfluss des Wärmeträgers (Wasser mit Frostschutzmittel) mit gelber Farbe ein. Markiere mit einem roten Stift die Lage des stark erwärmten Wassers im Speicher und mit einem blauen Stift die Lage des lauwarmen bis kalten Wassers.

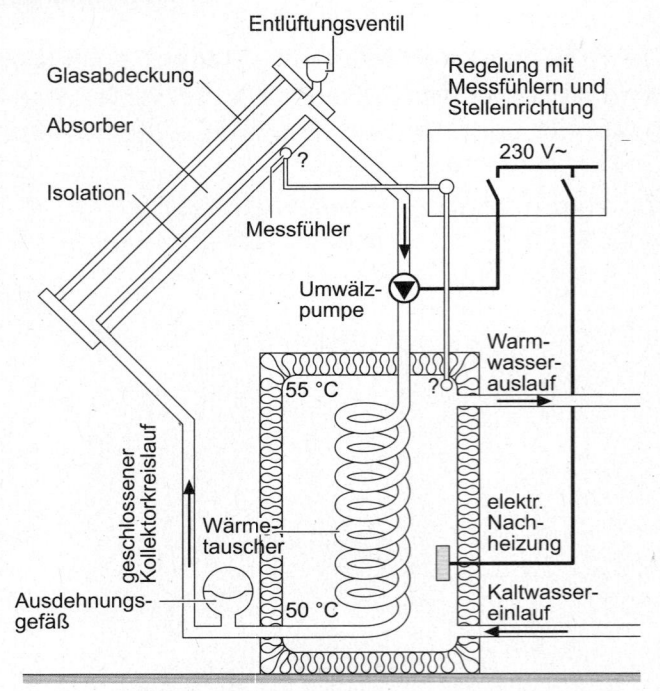

2. Beschreibe die Aufgaben folgender Bauteile:

a) Umwälzpumpe: _____

b) Ausdehnungsgefäß: _____

c) Entlüftungsventil: _____

d) Regelung: _____

Strom und Wärme – das Blockheizkraftwerk

In einem konventionellen Wärmekraftwerk werden bis zu 40 % der chemischen Energie in elektrische Energie umgewandelt. Wenn Wärme zur Raumheizung oder für technische Prozesse ausgekoppelt werden kann, so lässt sich der Wirkungsgrad auf über 80 % steigern. Neben Großkraftwerken gibt es auch Kleinanlagen wie das Blockheizkraftwerk (BHKW).

1. Zeichne das Energieflussdiagramm eines BHKW. Entnimm die Zahlen der Abbildung.

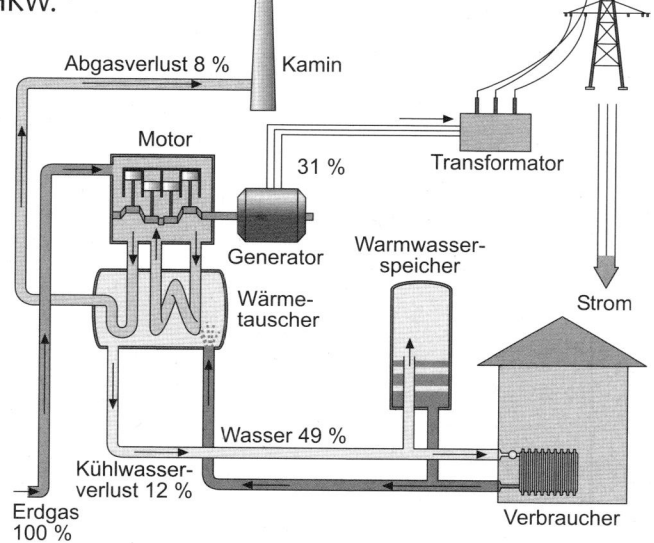

Abgasverlust 8 % — Kamin
Motor
31 % — Transformator
Generator
Warmwasserspeicher
Wärmetauscher
Strom
Wasser 49 %
Kühlwasserverlust 12 %
Erdgas 100 %
Verbraucher

2. Benenne die Unterschiede zum konventionellen Wärmekraftwerk.

3. Der Verbrennungsmotor stammt aus der Serienfertigung von Kraftfahrzeug- und Schiffsmotoren. Welche Vorteile ergeben sich daraus?

4. Welche Nachteile siehst du gegenüber einem konventionellen Wärmekraftwerk?

5. Welche Aufgabe hat der Warmwasserspeicher?

Wasserkraftwerke

1. Wasserräder wurden schon von unseren Vorfahren zum Antrieb von Mühlen genutzt.

Heute erzeugen wir in Deutschland ca. _____ % unserer elektrischen Energie

in Wasserkraftwerken. Unsere _____ an den Flüssen

kommen mit wenigen Metern Stauhöhe aus. Es fließt eine _____ Wassermenge

durch die _____ .

2. Wenn man in den Bergen einen Stausee anlegen kann, der das Wasser sammelt,

hat man einen guten Speicher für _____energie. Das Wasser stürzt mit hoher

_____ in das Tal und treibt eine _____ an.

3. Pumpspeicherkraftwerke decken den Strombedarf bei sehr hoher Abnahme.

① Stausee
② Druckrohrleitung
③ Maschinenhaus
④ unterer See

Pumpspeicherkraftwerk

a) Beschreibe die Energieformen in den Punkten ① bis ④.

Bei Spitzenbedarf wird die _____ bei ① zu _____

bei ② und diese in _____ bei ③ umgesetzt.

b) Bei Stromüberschuss entnimmt die Pumpe Strom aus dem Netz und fördert Wasser vom unteren See über die Rohrleitung in den oberen Stausee.

Energieformen bei

④: _____   ③: _____

②: _____   ①: _____

4. Woher stammt die Energie aller Flüsse und Stauseen?

_____

5. Vorteile der Wasserkraftwerke:

_____

Windenergieanlagen

Die Windenergienutzung erlebte in den vergangenen Jahren in Deutschland einen starken Aufschwung, da sie von den regenerativen Energien die kostengünstigste ist.

1. Was bedeutet der Begriff „Off-shore-Gebiete" im Zusammenhang mit Windenergieanlagen?

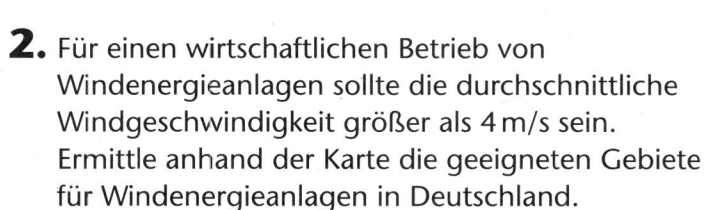

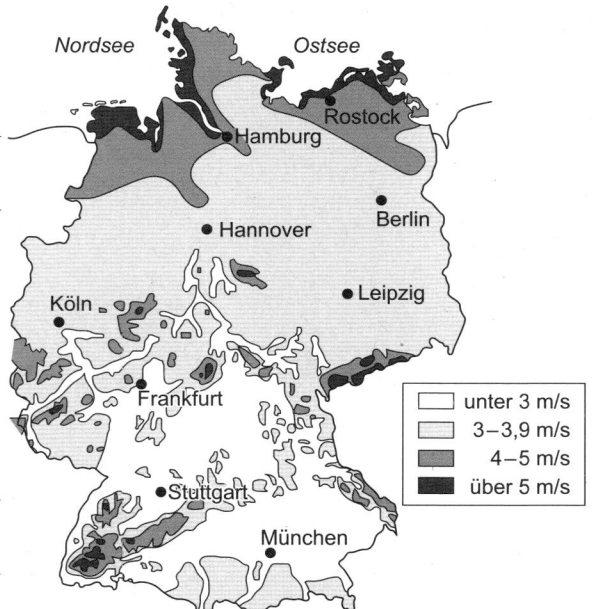

_____

_____

2. Für einen wirtschaftlichen Betrieb von Windenergieanlagen sollte die durchschnittliche Windgeschwindigkeit größer als 4 m/s sein. Ermittle anhand der Karte die geeigneten Gebiete für Windenergieanlagen in Deutschland.

_____

_____

_____

unter 3 m/s
3–3,9 m/s
4–5 m/s
über 5 m/s

3. Ein Generator muss Wechselstrom mit der Frequenz von 50 Hz an das Stromnetz abgeben. Dies bedeutet eine Drehzahl von 1500 U/min. Die Drehzahl des Rotors ist meistens kleiner. Wie löst man das Problem?

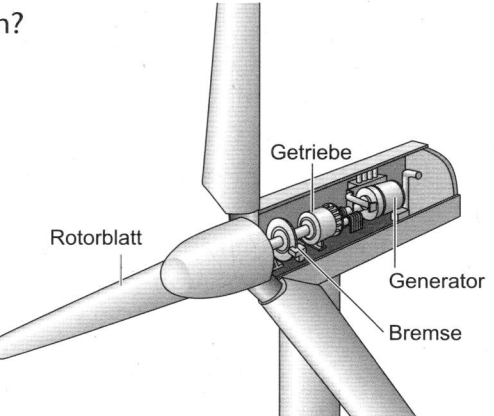

_____

_____

_____

4. Bei Windgeschwindigkeiten über 25 m/s würden die Rotorblätter brechen. Was ist zu tun?

_____

_____

5. Windenergieanlagen stoßen trotz ihrer umweltfreundlichen Stromerzeugung auch auf Ablehnung. Nenne mögliche Gründe.

_____

_____

_____

Messungen an Solarzellen

Unter welchen Bedingungen können Solarzellen am meisten Strom liefern? Wie viel Spannung und Stromstärke bringt eine Solarzelle überhaupt? Mit dem Vielfachmessgerät könnt ihr ihre Leerlauf-Spannung und Leerlauf-Stromstärke messen. Um vergleichbare Messwerte zu erhalten, benötigt ihr eine gleichmäßige Lichtquelle, am besten den Tageslichtprojektor.

1. Vermutungen:

	1 Solarzelle	2 Solarzellen in Reihe	2 Solarzellen parallel
Spannung U	0,5 V		
Stromstärke I	0,1 A		

2. Überprüft eure Vermutungen mit Messungen.

Ausrichtung der Solarzelle		Spannung U	Stromstärke I
1 Solarzelle flach auf dem Tageslichtprojektor			
1 Solarzelle im rechten Winkel auf dem Tageslichtprojektor			
1 Solarzelle im Winkel von 45° auf dem Tageslichtprojektor			
1 Solarzelle mit der Hand abgedeckt			
2 Solarzellen in Reihe geschaltet flach auf dem Tageslichtprojektor			
2 Solarzellen parallel geschaltet flach auf dem Tageslichtprojektor			

3. Stimmen eure Messergebnisse mit den Vermutungen überein? Beschreibe deine Beobachtungen.

_____

_____

_____

_____

4. Skizziere Schaltungen von Solarzellen, mit denen die folgenden Werte erreicht werden:

2 V / 0,1 A   2 V / 0,2 A

Durchbiegung unterschiedlicher Profile

Die Stabilität eines Trägers ist abhängig von Material, Länge und Profil. Typische Profilformen sind:

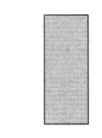

Rechteckiges Profil (flach)   Rechteckiges Profil (hochkant)   Quadratisches Profil   Doppel-T-Profil

Im folgenden Versuch untersuchst du die Bedeutung des Profils für die Stabilität.

1. Leisten mit unterschiedlichen Profilen werden in der Mitte belastet.
Zeichne vor dem Versuch in die vier Bilder unten ein, welche Durchbiegung du erwartest.

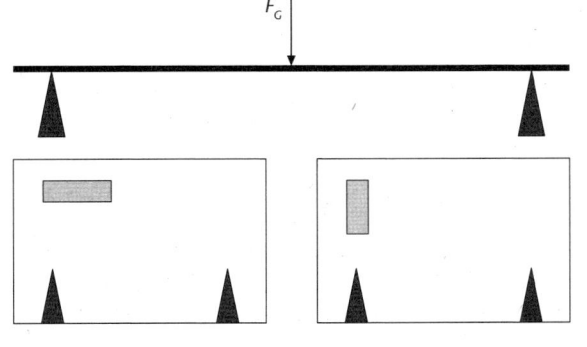

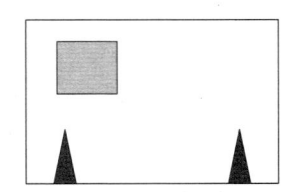

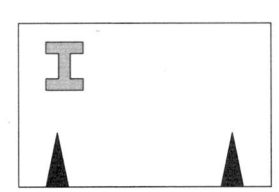

F_G

2. Formuliere deine Vermutungen.

_____

_____

3. Überprüfe deine Vermutungen durch Experimente. Verwende gleich lange Leisten und belaste sie in der Mitte mit der gleichen Kraft, z.B. 10 N. Halte die Ergebnisse in einer Tabelle fest.

Profil	Länge in cm	Belastung in N	Durchbiegung in mm
rechteckiges Profil (flach)			
rechteckiges Profil (hochkant)			
quadratisches Profil			
Doppel-T-Profil			

4. Was schließt du aus deinen Ergebnissen? _____

_____

_____

_____

© Als Kopiervorlage freigegeben. Ernst Klett Verlag GmbH, Stuttgart 2006.

Wärmedämmung und U-Wert

1. Der U-Wert ist ein Maß für den Wärmeverlust durch Wände.
In welcher Einheit wird der U-Wert angegeben? Erkläre die Bedeutung der Einheit.
Ist der U-Wert einer gut isolierenden Wand groß oder klein?

2. Was kann ein Bauherr bei einer gegebenen Wandfläche verändern, um einen günstigeren U-Wert zu erhalten?

3. Was ist besser: eine Innendämmung oder eine Außendämmung für ein Haus? Begründe deine Ansicht mithilfe der Abbildung.

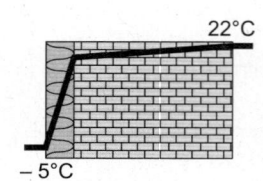

Temperaturverlauf bei Außendämmung im Winter

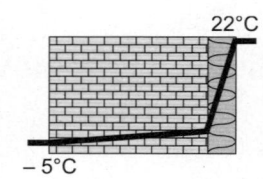

Temperaturverlauf bei Innendämmung im Winter

4. Welche Baustoffe sind besonders gut wärmedämmend?
Welche weiteren Eigenschaften haben diese Baustoffe?

5. Welche Materialen benötigt man außer den Isolierstoffen beim Hausbau?
Welche Nachteile haben sie hinsichtlich der Wärmedämmung?

Energieverbrauch im Haushalt

1. Ein deutscher Durchschnittshaushalt mit 4 Personen verbraucht pro Jahr 12 000 kg Steinkohleeinheiten (SKE). 1 kg SKE entspricht dem Energiegehalt von 1 kg Steinkohle oder ca. 1 m³ Erdgas. Berechne die Anteile in kg SKE für:

Heizung	
Auto	
Warmwasser	
Elektrogeräte	
Kochen	
Licht	

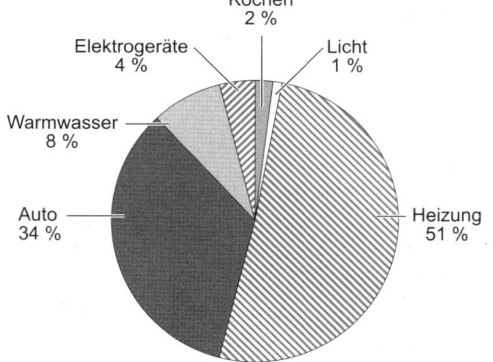

Kochen 2 %
Licht 1 %
Elektrogeräte 4 %
Warmwasser 8 %
Auto 34 %
Heizung 51 %

2. Eine Familie bezieht die nutzbare Energie in drei Formen: Strom, Heizöl und Superbenzin. Die Verbrauchswerte findest du in der Tabelle. Informiere dich über die aktuellen Preise dieser Energieträger und berechne die Energiekosten der Familie.

Verbrauch der Familie pro Jahr	Kosten pro Einheit	Kosten pro Jahr
4 300 kWh Strom		
1 280 l Superbenzin		
3 000 l Heizöl		
Gesamte Energiekosten im Jahr:		

3. Welche Möglichkeiten gibt es, die Energiekosten im Haushalt zu verringern?

4. a) Pro Jahr werden in Deutschland ca. 20 000 Mio. kWh für Stand-by-Geräte verbraucht. Berechne die gesamte Leistung aller Stand-by-Geräte in Deutschland. Wie viele 1000-MW-Kraftwerke könnten stillgelegt werden, wenn alle Stand-by-Geräte ganz ausgeschaltet wären? (Hinweis: 1 Jahr hat 8 760 Stunden.)

b) Die durchschnittliche Anschlussleistung eines Stand-by-Gerätes ist 20 W. Berechne die ungefähre Zahl von Geräten, die in Deutschland auf Stand-by geschaltet sind. Wie viele Geräte sind das im Durchschnitt pro Haushalt, wenn es 30 Mio. deutsche Haushalte gibt?

Bewusst Auto fahren – Energie sparen

Auf Straßen oder Schienen, mit dem Flugzeug oder Schiff werden Personen und Güter befördert. Der größte Anteil des Energiebedarfs im Verkehrswesen entfällt auf den Straßenverkehr. Da dabei auch wertvolle Energieträger verbrannt werden, ist auf eine wirtschaftliche Energienutzung zu achten.

1. Für kurze Fahrstrecken im PKW braucht man überdurchschnittlich viel Benzin. Außerdem ist während der Warmlaufphase des Motors der Schadstoffanteil im Abgas besonders hoch. Welcher sinnvolle Umgang mit dem Auto lässt sich daraus ableiten?

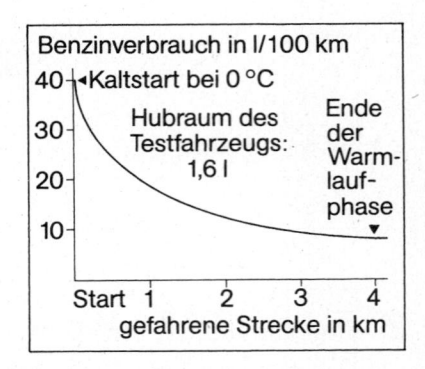

_____

_____

_____

2. „Schnellfahren bedeutet Zeitsparen"?
 a) Welches Fahrverhalten trägt dazu bei, einen PKW Energie sparend zu betreiben?

_____

_____

_____

_____

_____

_____

_____

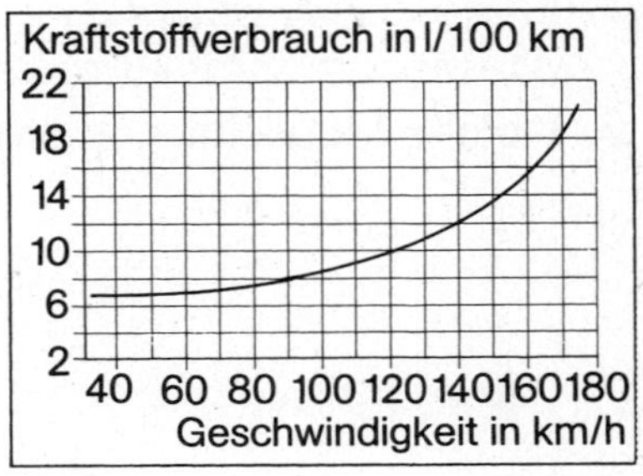

 b) Welche Maßnahmen bei der Wartung und Nutzung des PKWs führen zu Energieeinsparungen? Benutze auch die Grafiken.

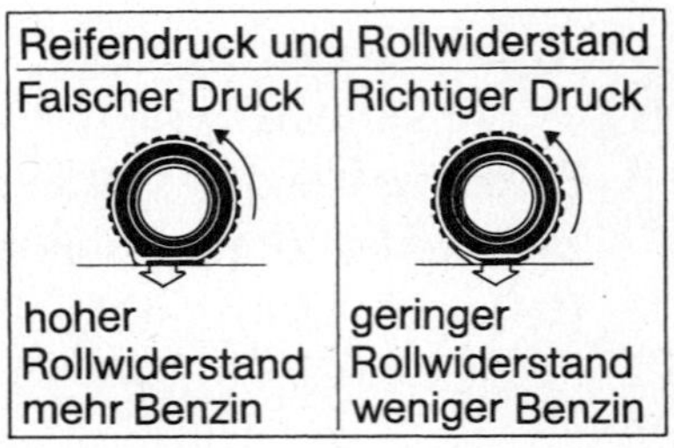

_____

_____

_____

_____

Benzinverbrauch in l/100 km — Kaltstart bei 0 °C, Hubraum des Testfahrzeugs: 1,6 l, Ende der Warmlaufphase; gefahrene Strecke in km

Fahrer	sparsam	eilig
Fahrzeit in min	39	32
Verbrauch l/100 km	7,7	10,7
Ampelstopps	7	20
Bremsvorgänge	15	40
Schaltvorgänge	55	120
Spurwechsel	0	50

Länge der Teststrecke: 28 km

Kraftstoffverbrauch in l/100 km; Geschwindigkeit in km/h

Reifendruck und Rollwiderstand
Falscher Druck: hoher Rollwiderstand, mehr Benzin
Richtiger Druck: geringer Rollwiderstand, weniger Benzin

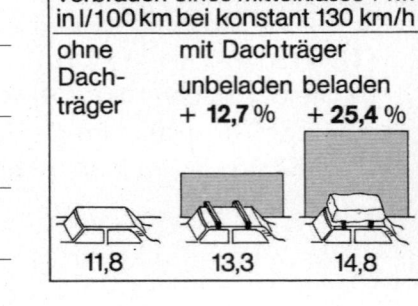

Verbrauch eines Mittelklasse-Pkw in l/100 km bei konstant 130 km/h
ohne Dachträger: 11,8
mit Dachträger unbeladen: 13,3 (+12,7 %)
mit Dachträger beladen: 14,8 (+25,4 %)

Das Alphabet des Lebens

1. Klebe die Reihe von „DNS-Bausteinen" auf einen dünnen Karton und schneide sie aus.

2. Beschrifte sie nach diesem Muster:

- P = Phosphorsäure
- Z = Zucker
- A = Adenin
- C = Cytosin
- T = Thymin
- G = Guanin

3. Probiere aus, welche Bausteine zusammenpassen. Nenne die Paare:

_____

_____

4. Bilde folgende Kette:
… GCTGTGAT …

Ergänze zu einem DNS-Doppelstrang. Wie lautet die Abfolge?
… GCTGTGAT …
……………………

5. Ahme mit dem Modell Aufspaltung und Verdopplung der DNS nach.

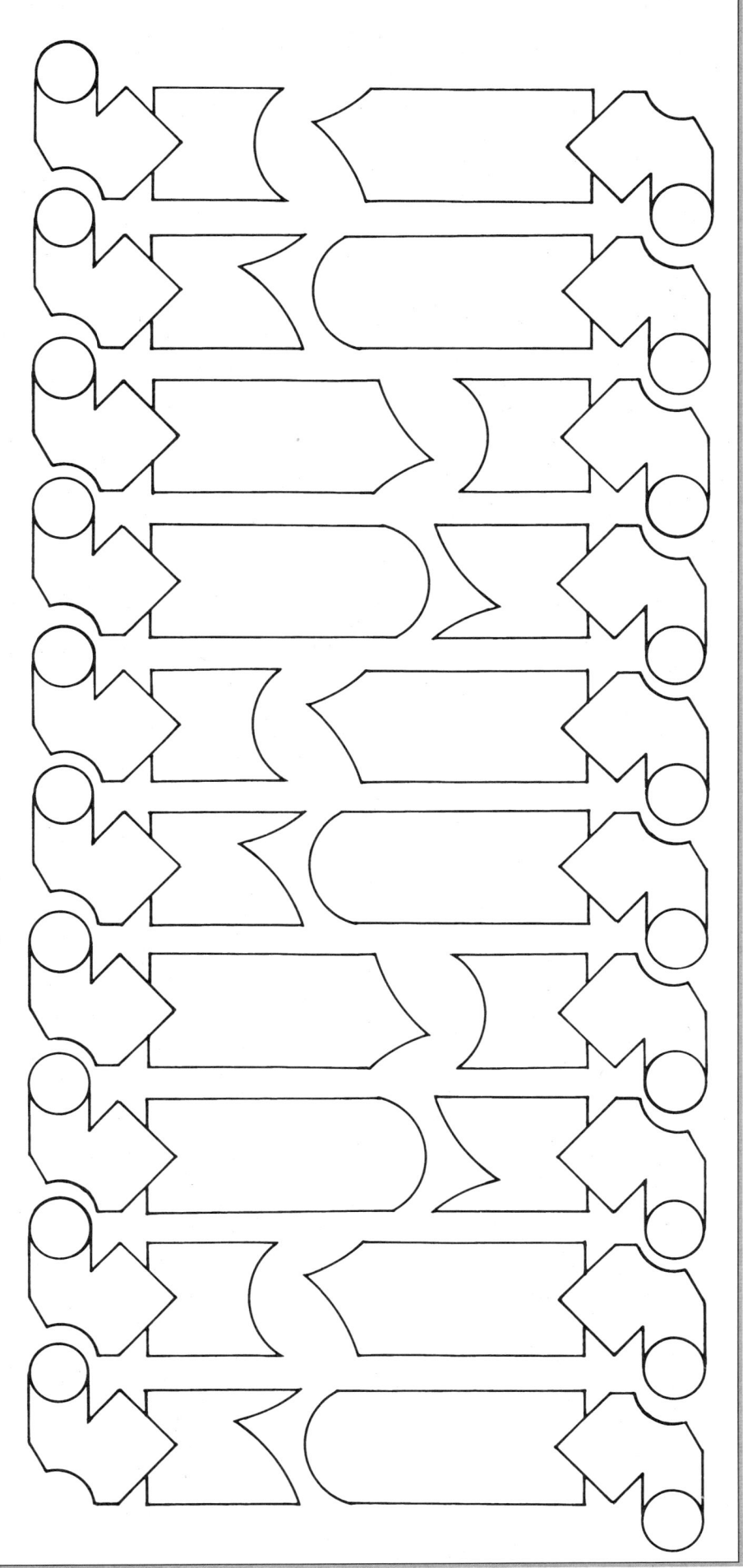

© Als Kopiervorlage freigegeben. Ernst Klett Verlag GmbH, Stuttgart 2006.

ISBN 3-12-113088-9

Die Mitose

1. Schneide die Abbildungen der Mitosestadien aus und klebe sie in der richtigen Reihenfolge in das Raster ein.
Die Buchstaben ergeben das Lösungswort

_____ .

2. Benenne und beschreibe die abgebildeten Stadien.

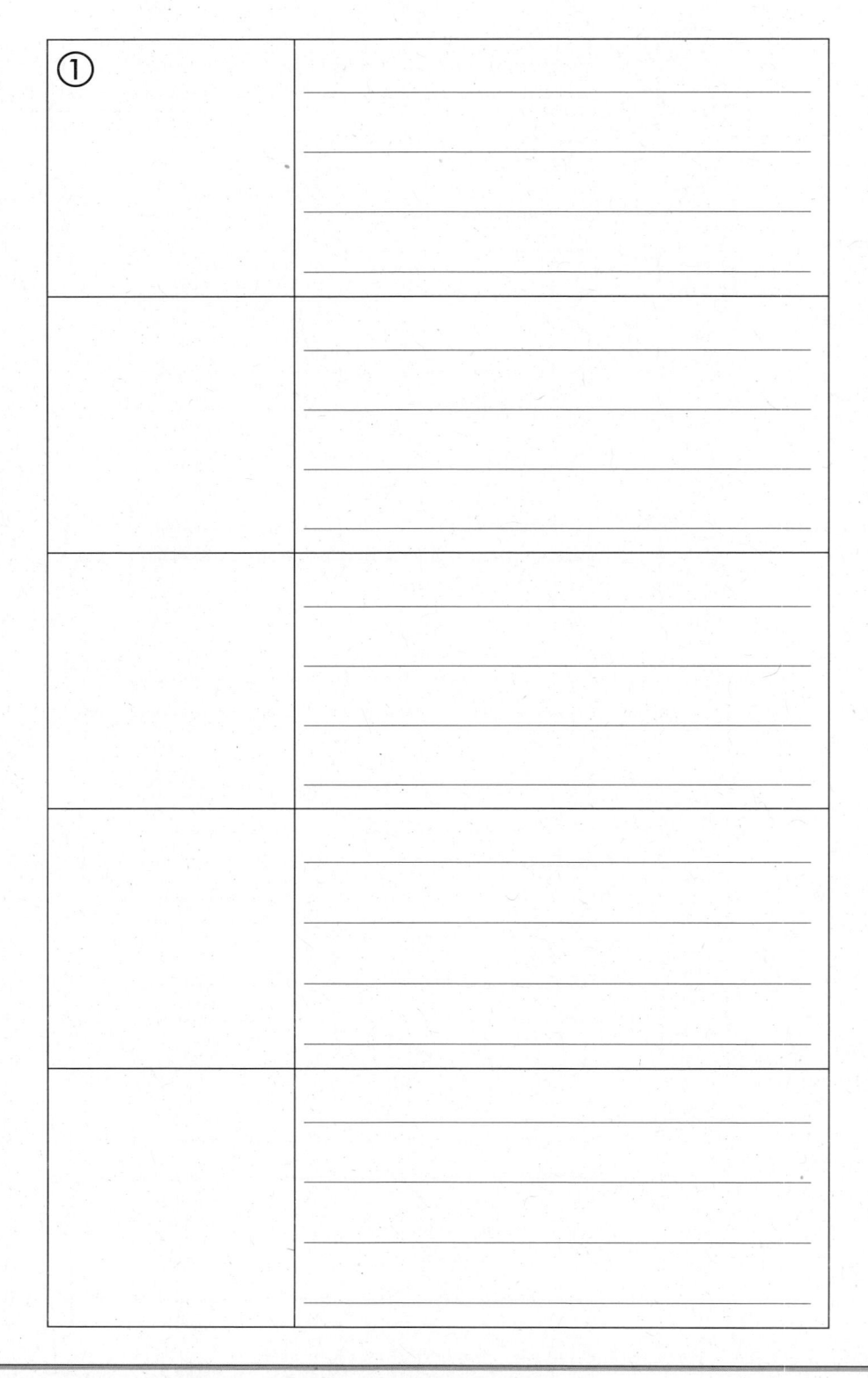

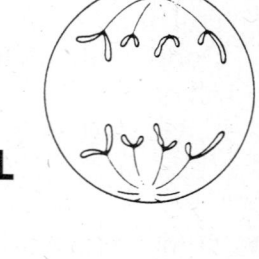

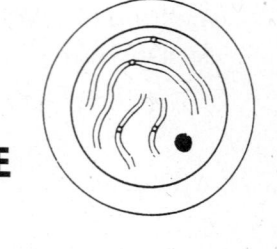

①	

E

L

Z

L

E

Die 1. und 2. Mendel'sche Regel

1. Ergänze den dargestellten Erbgang der Erbse. Male die abgebildeten Blüten mit den richtigen Farben an (R: rot [dominant]; w: weiß [rezessiv]).

2. Formuliere die zugehörigen Mendel'schen Regeln.

Kreuzung der Eltern-Generation

Eltern-Generation	Erscheinungsbild	×
	Erbbild	RR ww
	Keimzellen	○ ○
Tochter-Generation	Keimzellenverteilung	☐ ☐
	Erscheinungsbild	uniform

Die 1. Mendel'sche Regel:

_____

_____

Kreuzung der Eltern-Generation

Eltern-Generation	Erscheinungsbild	×
	Erbbild	Rw Rw
	Keimzellen	○ ○ ○ ○
Tochter-Generation	Keimzellenverteilung	♀♂ ○ ○ ☐ ○ ☐ ○ ☐
	Erscheinungsbild	

Die 2. Mendel'sche Regel:

_____

_____

Die 3. Mendel'sche Regel

(_____regel)

1. Formuliere die 3. Mendel'sche Regel:

_____

_____

_____

_____

2. Fülle das Kreuzungsschema gemäß Mendels Regel von der Neukombination der Gene aus. Male die Erscheinungsbilder mit den jeweils richtigen Farben (grün bzw. gelb) an.

Saaterbsen

1. Merkmal: Samenfarbe
(G = gelb; g = grün)

2. Merkmal: Samenform
(R = rund; r = runzlig)

Elterngeneration	Erscheinungsbild	○ × ⬠
	Erbbild	GGRR ggrr
	Keimzellen	○ ○
1. Tochtergeneration	Erbbild	[ ]
	Erscheinungsbild	○ × ○
	Erbbild	[ ] [ ]
	Keimzellen	○○ ○○ ○○ ○○
2. Tochtergeneration	Verteilung der Erbbilder	

♀\♂	○	○	○	○
GR				
Gr				
gR				
gr				

Erscheinungsbild ○ ⬠ ○ ⬠

_ _ _ _ _ _ _ _ _ _ _ _ _ _ _ _

Vererbte Merkmale des Menschen

Untersuche das Auftreten der genannten Merkmale a) an dir selbst, b) in deiner Familie, c) in der Klasse (+ tritt auf; – fehlt).

	a)	b)	c)
1. Zungenrollen		Mutter: Vater:	
2. Ohrläppchen angewachsen		Mutter: Vater:	

3. Augenfarben (Irisfarbe)
    – blau
    – grün
    – braun
		Mutter: Vater:	

4. Sommersprossen		Mutter: Vater:	
5. Haaransatzlinie spitz vorlaufend		Mutter: Vater:	

6. Haarform
    – glatt
    – gewellt
    – lockig
		Mutter: Vater:	

7. Haarfarbe – hell – dunkel			
8. Mittleres Fingerglied behaart		Mutter: Vater:	
9. Rückbiegen des Daumens		Mutter: Vater:	

© Als Kopiervorlage freigegeben. Ernst Klett Verlag GmbH, Stuttgart 2006.

ISBN 3-12-113088-9

Bluterkrankheit – Fürstenkrankheit

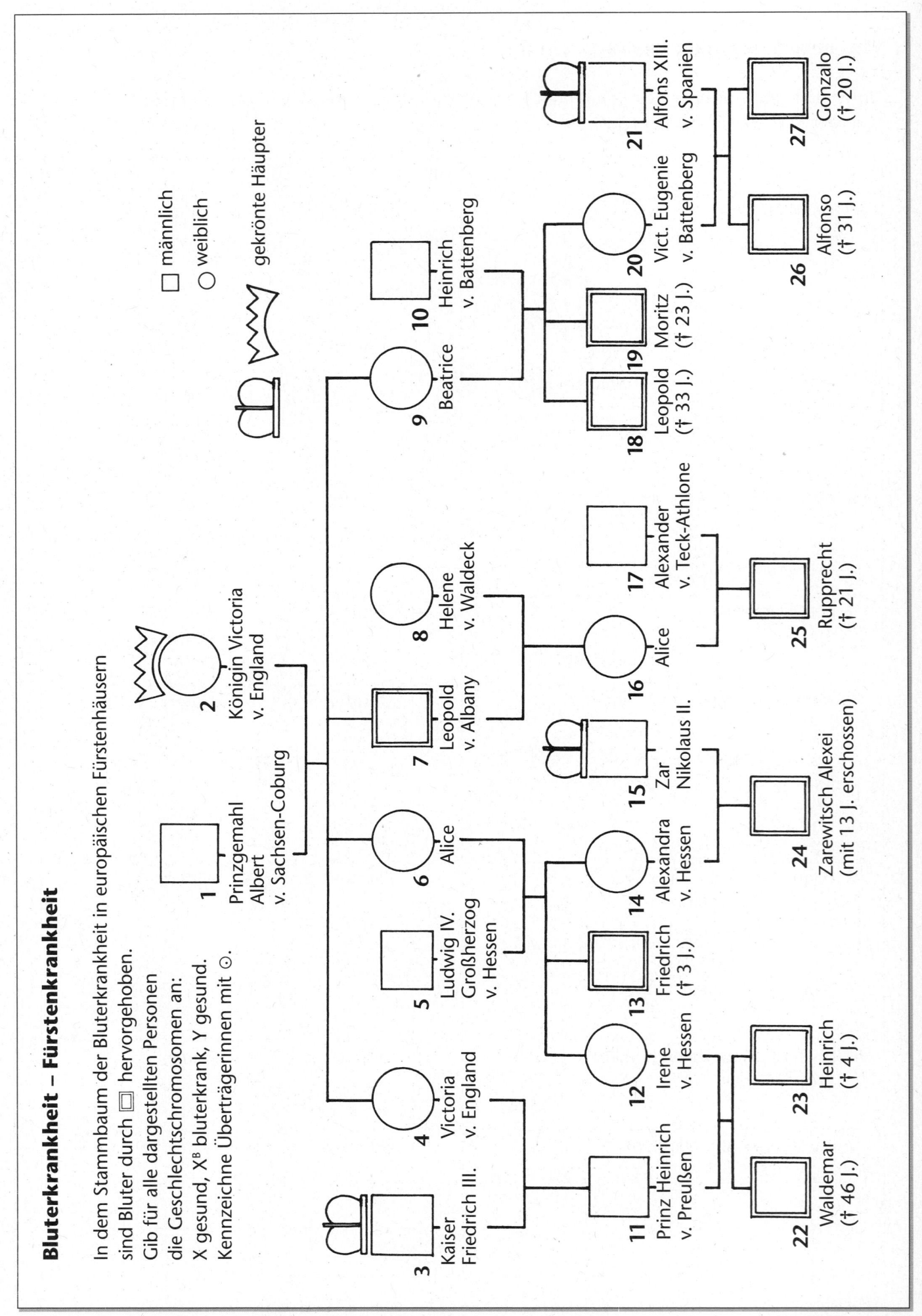

In dem Stammbaum der Bluterkrankheit in europäischen Fürstenhäusern sind Bluter durch ▣ hervorgehoben.
Gib für alle dargestellten Personen die Geschlechtschromosomen an:
X gesund, X^B bluterkrank, Y gesund.
Kennzeichne Überträgerinnen mit ☉.

☐ männlich
◯ weiblich

◢◣ gekrönte Häupter

1 Prinzgemahl Albert v. Sachsen-Coburg
2 Königin Victoria v. England
3 Kaiser Friedrich III.
4 Victoria v. England
5 Ludwig IV. Großherzog v. Hessen
6 Alice
7 Leopold v. Albany
8 Helene v. Waldeck
9 Beatrice
10 Heinrich v. Battenberg
11 Prinz Heinrich v. Preußen
12 Irene v. Hessen
13 Friedrich († 3 J.)
14 Alexandra v. Hessen
15 Zar Nikolaus II.
16 Alice
17 Alexander v. Teck-Athlone
18 Leopold († 33 J.)
19 Moritz († 23 J.)
20 Vict. Eugenie v. Battenberg
21 Alfons XIII. v. Spanien
22 Waldemar († 46 J.)
23 Heinrich († 4 J.)
24 Zarewitsch Alexei (mit 13 J. erschossen)
25 Rupprecht († 21 J.)
26 Alfonso († 31 J.)
27 Gonzalo († 20 J.)

Wenn Meiosen gestört sind

1. Beschreibe die Meiosestadien.

A _____ C_1 _____ D_1 _____ E _____

2. In den abgebildeten Meiosen sind zwei Störungen aufgetreten. Rahme diese Stadien ein.

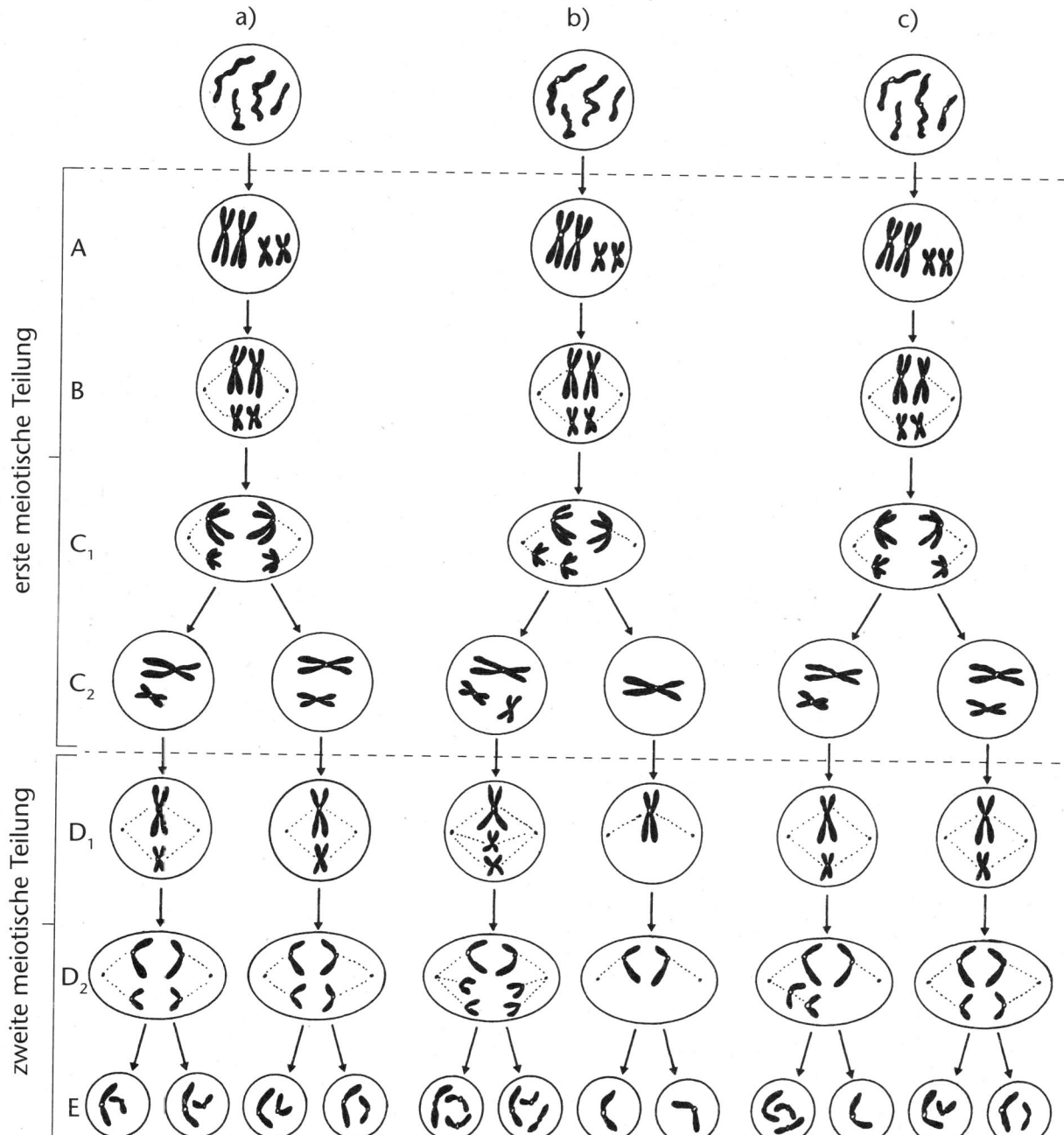

a)   b)   c)

erste meiotische Teilung: A, B, C_1, C_2

zweite meiotische Teilung: D_1, D_2, E

3. Nenne mögliche Ursachen und Folgen der Störungen.

_____

_____

_____

Der Chromosomensatz eines Menschen (A)

Schneide die Chromosomenabbildungen mit zugehörigen Nummern aus und lege die sich entsprechenden Chromosomen zusammen.

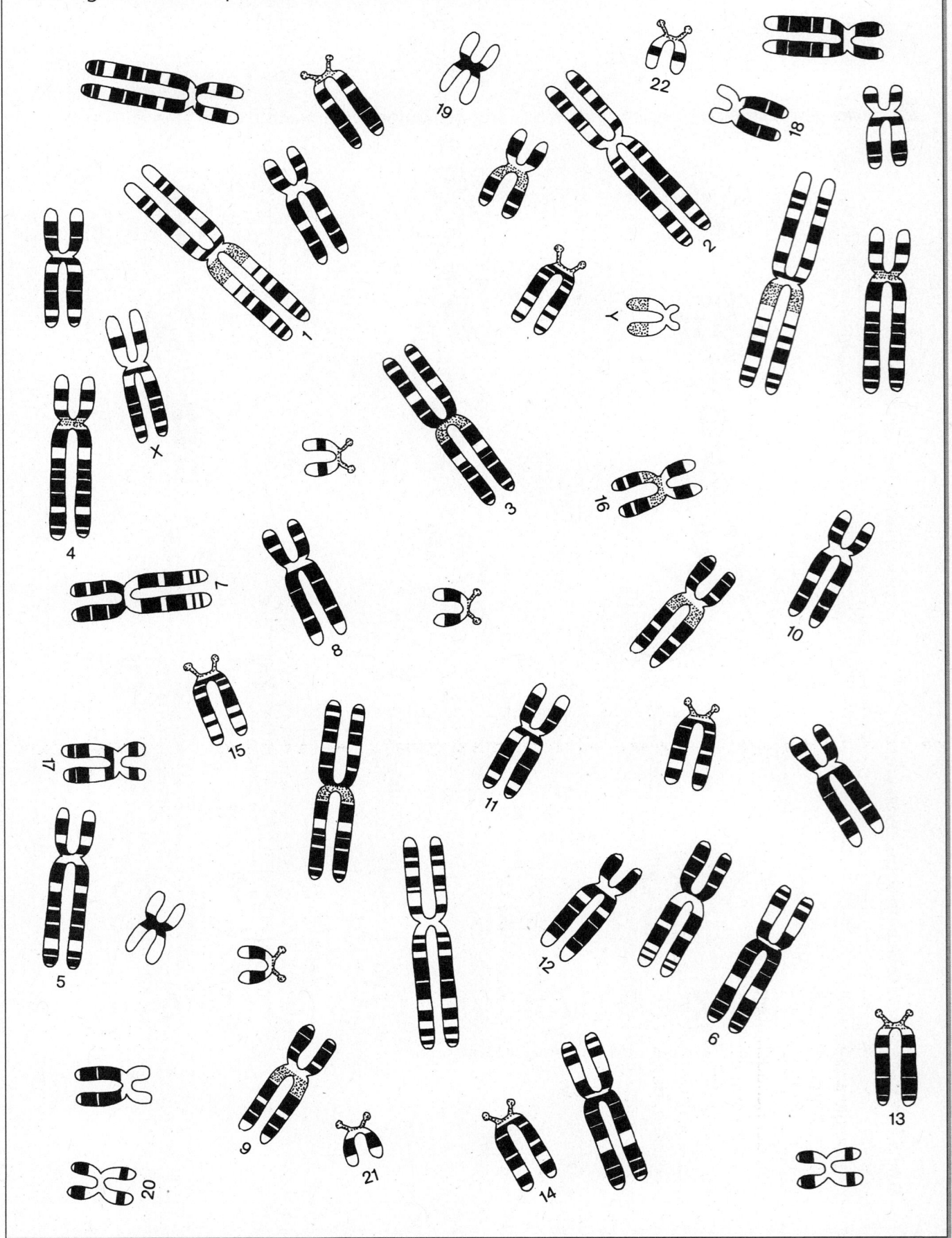

Der Chromosomensatz eines Menschen (B)

– Klebe die ausgeschnittenen Chromosomenabbildungen von Blatt A an der richtigen Stelle in das Formular.
– Welche Aussagen lassen sich über den Menschen machen, dessen Chromosomensatz hier vorliegt?

1	2	3		4	5
1	2	3		4	5

6	7	8	9	10	11	12
6	7	8	9	10	11	12

13	14	15		16	17	18
13	14	15		16	17	18

19	20		21	22		X	Y
19	20		21	22		X	Y

Ziele der Tier- und Pflanzenzüchtung

Fülle die Lücken aus.

Tierart	Zuchtziele	Pflanzenart	Zuchtziele
	feine Wolle	Tomate	Schädlingsresistenz, maschinelle Ernte, industrielle Verarbeitung, Krankheitsresistenz
Hund			Widerstandsfähigkeit gegen Krankheiten
	Schnelligkeit	Kopfsalat	
Rind			hoher Ertrag
	Milchleistung	Kartoffel	
Huhn			hoher Vitamingehalt
	feine Pelze	Äpfel	
Kaninchen			widerstandsfähig gegen Umweltgifte

Gentechnik in der Landwirtschaft

Pflanzenzüchtung ist nichts Neues. Solange es Nutzpflanzen gibt, versucht der Mensch diejenigen mit den aus seiner Sicht günstigsten Eigenschaften auszulesen, zu kreuzen und zu vermehren. Das ist in der Regel ein langwieriger Prozess, der über viele Pflanzengenerationen geht.

Die Gentechnik eröffnet ganz neue Möglichkeiten. Mithilfe verschiedener Methoden lassen sich ganz gezielt Gene aus anderen Lebewesen in die DNS von Nutzpflanzen einschleusen. Auf diese Weise hat man inzwischen unter anderem Sojapflanzen hervorgebracht, die gegen ein bestimmtes „Unkrautvernichtungsmittel" (Herbizid) resistent sind. Die neuen Sojapflanzen werden in den USA bereits großflächig angebaut.

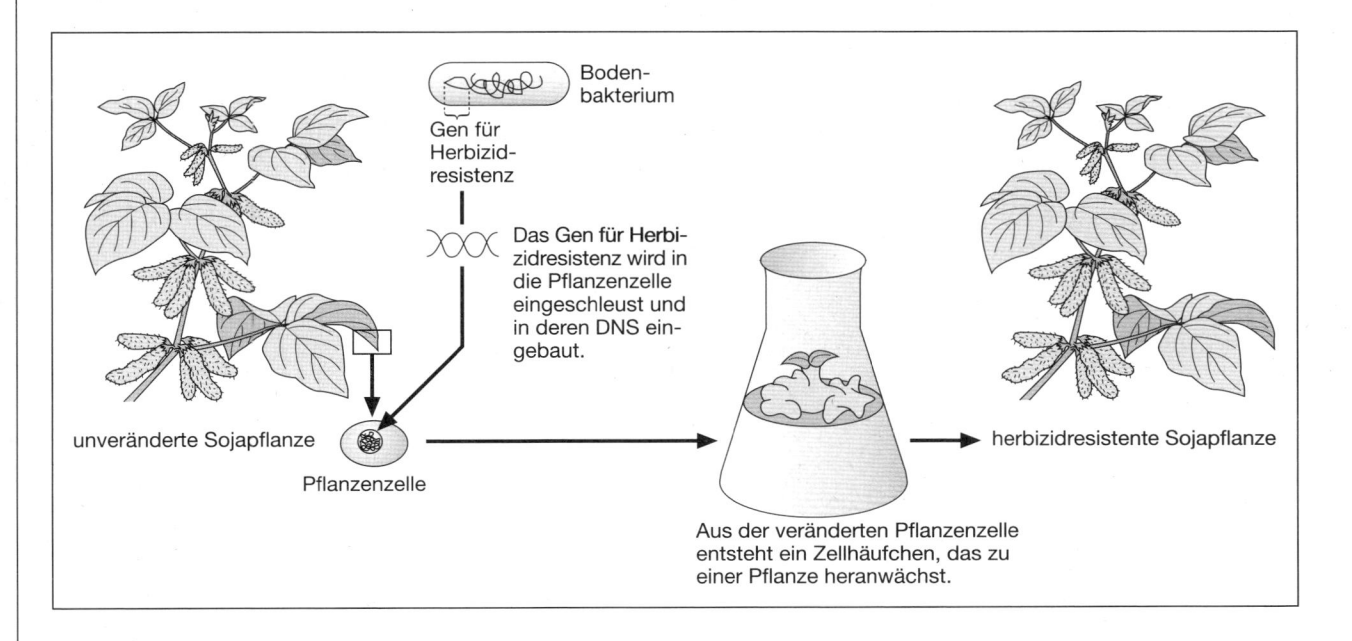

1. Lies den einleitenden Text und notiere die wichtigsten Unterschiede zwischen herkömmlicher Züchtung und Züchtung mittels Gentechnik.

2. Beschreibe den in der Abbildung dargestellten Vorgang der Genübertragung auf Sojapflanzen in Stichworten.

Geklonte Dolly: drei Mütter – kein Vater

Klone sind Lebewesen, die durch ungeschlechtliche Vermehrung entstanden sind. Auf natürlichem Weg entstandene Klone sind z. B. die Ableger von Pflanzen. Alle Klone gleichen Ursprungs haben die gleiche genetische Ausstattung.

Obwohl Klone also eigentlich nichts Besonderes sind und sogar ohne „Nachhilfe" des Menschen auf natürlichem Wege entstehen, hat das geklonte Schaf Dolly, das im Sommer 1996 in Schottland zur Welt kam, großes Aufsehen erregt.

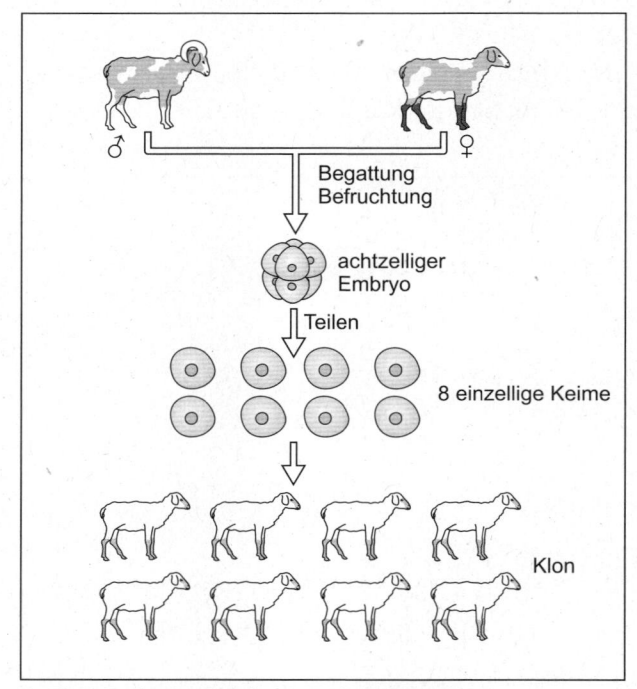

1 Tierzüchtung: Klonen durch Teilen des Embryos

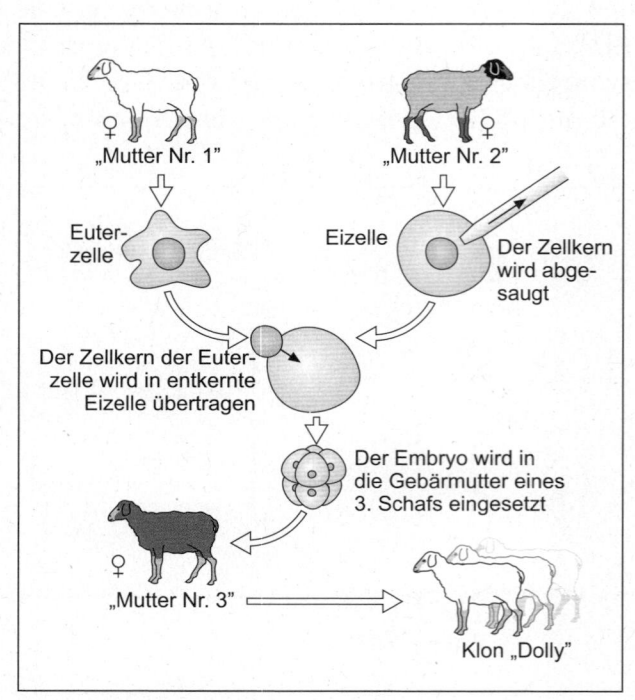

2 So entstand Dolly

1. Klone sind genetisch identisch. Erkläre.

2. Auch beim Menschen entstehen hin und wieder Klone auf natürlichem Weg. Wie nennt man diese?

3. Der schottische Wissenschaftler IAN WILMUT und seine Mitarbeiter haben das Schaf Dolly mithilfe einer neuen Technik „erzeugt". Was ist das Besondere an Dolly? Vergleiche die beiden Abbildungen.

Die „Anti-Matsch-Tomate"

Tomaten besitzen – wie alle anderen Früchte auch – ein Gen, das die Bildung eines bestimmten Wirkstoffs veranlasst. Dieser löst bei reifen Früchten die Zellwände auf und sorgt so dafür, dass sie weich werden und verderben. Bei Tomaten läuft dieser Vorgang sehr schnell ab. Sie werden deshalb im Allgemeinen unreif geerntet, gekühlt transportiert und dann künstlich nachgereift.

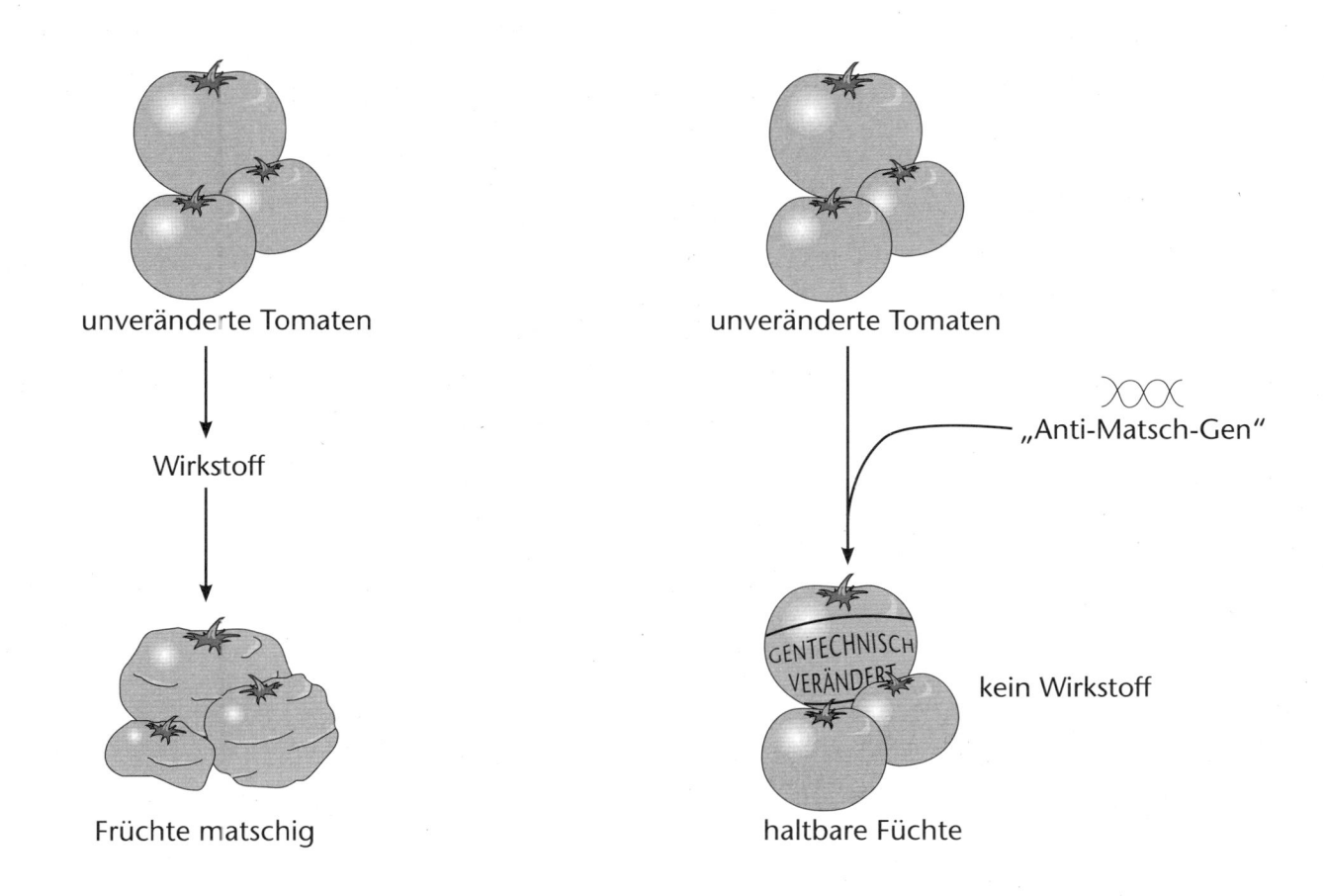

unveränderte Tomaten → Wirkstoff → Früchte matschig

unveränderte Tomaten + „Anti-Matsch-Gen" → kein Wirkstoff, haltbare Füchte (GENTECHNISCH VERÄNDERT)

Die „Anti-Matsch-Tomate" reift langsamer und die reifen Früchte bleiben etwa 14 Tage länger fest. Die gentechnisch veränderten Tomaten wurden 1994 in den USA zugelassen. Seit Anfang des Jahres 1996 darf Tomatenpüree aus solchen Tomaten auch auf dem EU-Markt verkauft werden.

1. Die gentechnisch veränderten Tomaten werden in den Medien häufig als „Gen-Tomaten" bezeichnet. Aus welchem Grund ist diese Bezeichnung zur Unterscheidung von „normalen" Tomaten eigentlich nicht sinnvoll?

_____

_____

2. Überlegt, welche Vorteile und welche Nachteile die „Anti-Matsch-Tomate" für den Verbraucher haben könnte. Denkt z. B. auch an Inhaltsstoffe von Tomaten, wie Vitamine und Aromastoffe, und an deren Haltbarkeit. Bildet eine Pro- und eine Contra-Gruppe und diskutiert in der Klasse darüber. Notiert eure Ergebnisse.

Entstehung der Erde und der Lebewesen

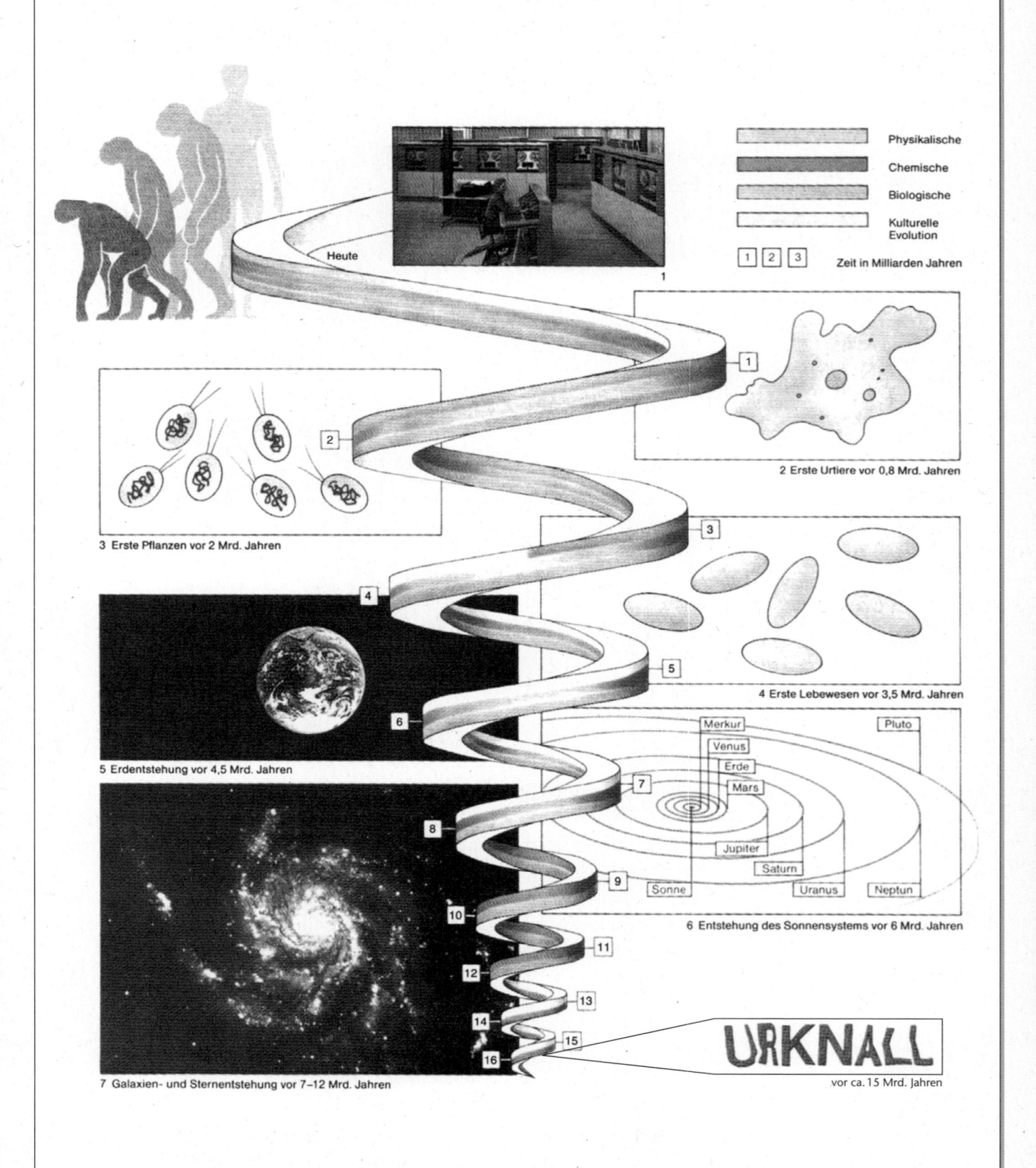

Physikalische
Chemische
Biologische
Kulturelle Evolution

[1] [2] [3] Zeit in Milliarden Jahren

Heute

1

2 Erste Urtiere vor 0,8 Mrd. Jahren

3 Erste Pflanzen vor 2 Mrd. Jahren

4 Erste Lebewesen vor 3,5 Mrd. Jahren

5 Erdentstehung vor 4,5 Mrd. Jahren

6 Entstehung des Sonnensystems vor 6 Mrd. Jahren

Merkur, Venus, Erde, Mars, Jupiter, Saturn, Uranus, Neptun, Pluto, Sonne

7 Galaxien- und Sternentstehung vor 7–12 Mrd. Jahren

URKNALL
vor ca. 15 Mrd. Jahren

© Als Kopiervorlage freigegeben. Ernst Klett Verlag GmbH, Stuttgart 2006.

ISBN 3-12-113088-9

Die Lebensschnur (A)

Material: 6 m Schnur, Karton, Meterstab, Schere, Klebstoff, Locher

Durchführung:
- Klebe das Abbildungsblatt auf Karton, schneide die Kärtchen aus und loche sie.
- Schneide die Textkärtchen aus. Ordne sie den Abbildungen zu und klebe sie auf deren Rückseite.
- Gib auf den Abbildungskärtchen das Erdzeitalter und dessen Beginn an, auf den Textkärtchen die Namen der Lebewesen.
- Berechne, wie weit vor dem Ende der Schnur (= Jetztzeit) das entsprechende Kärtchen angebracht werden muss, wenn die ganze Schnurlänge 6 Milliarden Jahren entsprechen soll.
- Ordne die Kärtchen der Zeit nach auf der Schnur an, indem du diese durch beide Lochungen fädelst.
- Hänge die „Lebensschnur" in deinem Zimmer auf.

In der Pflanzenwelt hatten nun Farne, Schachtelhalme und Bärlappgewächse die Nacktfarne abgelöst. Sie bildeten im **Karbon** (vor 354–296 Mio. Jahren) die riesigen Wälder, aus denen unsere Steinkohle entstand. Unter den Tieren sind *Dachschädler*, *Riesenlibellen* mit 80 cm Flugspannweite und erste *Reptilienformen* typisch.

① _____
② _____
③ _____
_____ cm

Im **Ordovizium** und **Silur** (vor 495–443 Mio. Jahren und 443–417 Mio. Jahren) traten mit den kieferlosen *Panzerfischen* die ersten Wirbeltiere auf. Erste Pflanzen und Tiere (urtümliche *Skorpione* und *Tausendfüßer*) besiedelten das Land.

① _____
② _____
_____ cm

Das **Quartär** (seit 2,6 Mio. Jahren) ist die Epoche der Erdgeschichte, in der wir noch heute leben. Sie ist gekennzeichnet durch den Wechsel von Warm- und Eiszeiten. Erst im Quartär beginnt mit dem Auftreten der Gattung *Homo* die Entwicklung des Menschen.

① _____
② _____
_____ cm

Im **Devon** (vor 417–354 Mio. Jahren) traten neben vielen Fischen auch *Quastenflosser* auf. Erste *Insekten* eroberten den Luftraum. In Gesteinen des späten Devon wurden die Überreste von *Ichthyostega*, einem fischähnlichen Amphibium, gefunden.

① _____
② _____
_____ cm

Fischsaurier, *Flugsaurier* und *Landsaurier* beherrschten im **Jura** (vor 208–144 Mio. Jahren) alle Lebensräume. Die *Dinosaurier* entwickelten sich zu den größten Landwirbeltieren aller Zeiten. Wie unscheinbar waren dagegen die kleinen *Urvögel* und *Ursäuger*! Feder- bzw. Haarkleid deuten auf eine gleichmäßige Körpertemperatur hin. Dadurch konnten sie sogar in der Kühle der Nacht auf Nahrungssuche gehen, wenn ihre Feinde, die wechselwarmen Saurier, fast starr vor Kälte waren.

① _____
② _____
③ _____
_____ cm

Mit dem **Kambrium** (vor 544–495 Mio. Jahren) beginnt die Zeit der Ablagerungen von Fossilien in größerer Zahl. Man weiß daher, dass damals alle Tierstämme außer den Wirbeltieren bereits vorhanden waren.

① _____
_____ cm

Aus dem **Ediacarium** (vor 630–544 Mio. Jahren) sind nur wenige Fossilien erhalten, da die Gesteine durch hohen Druck und hohe Temperaturen in ihrer chemischen Struktur so verändert wurden, dass ehemals vorhandene Fossilien nicht mehr existieren.

① _____
② _____
_____ cm

In der **Kreide** (vor 144–65 Mio. Jahren) lebten die ersten echten *Vögel*. Durch Beuteltiere, Halbaffen und Insektenfresser waren die *Säugetiere* vertreten. Vorherrschende Tiergruppe waren nach wie vor die *Saurier*, die allerdings aus ungeklärter Ursache am Ende der Kreidezeit aussterben.

① _____
② _____
_____ cm

Reptilien und *Nacktsamer* waren bei ihrer Fortpflanzung vom Wasser unabhängig geworden. Im **Perm** (vor 296–251 Mio. Jahren) konnten sie auch trockenere Lebensräume besiedeln.

① _____
② _____
③ _____
_____ cm

Nach dem Aussterben vieler Tiergruppen am Ende der Kreidezeit konnten sich *Säugetiere* und *Vögel* während des **Tertiär** (vor 65–2,6 Mio. Jahren) zu großer Formenvielfalt entwickeln. Gegen Ende dieser Zeit begann die Evolution menschenähnlicher Lebewesen.

① _____
② _____
_____ cm

Für die **Trias** (vor 251–208 Mio. Jahren) ist die starke Verbreitung und Zunahme der Artenvielfalt der Reptilien charakteristisch. Nadelbäume traten an die Stelle der urtümlichen Pflanzengruppen. *Vorläufer der Säugetiere* nahmen eine Zwischenstellung zwischen Reptilien und den erst später auftretenden Säugern ein.

① _____
② _____
③ _____
_____ cm

© Als Kopiervorlage freigegeben. Ernst Klett Verlag GmbH, Stuttgart 2006.

Die Lebensschnur (B)

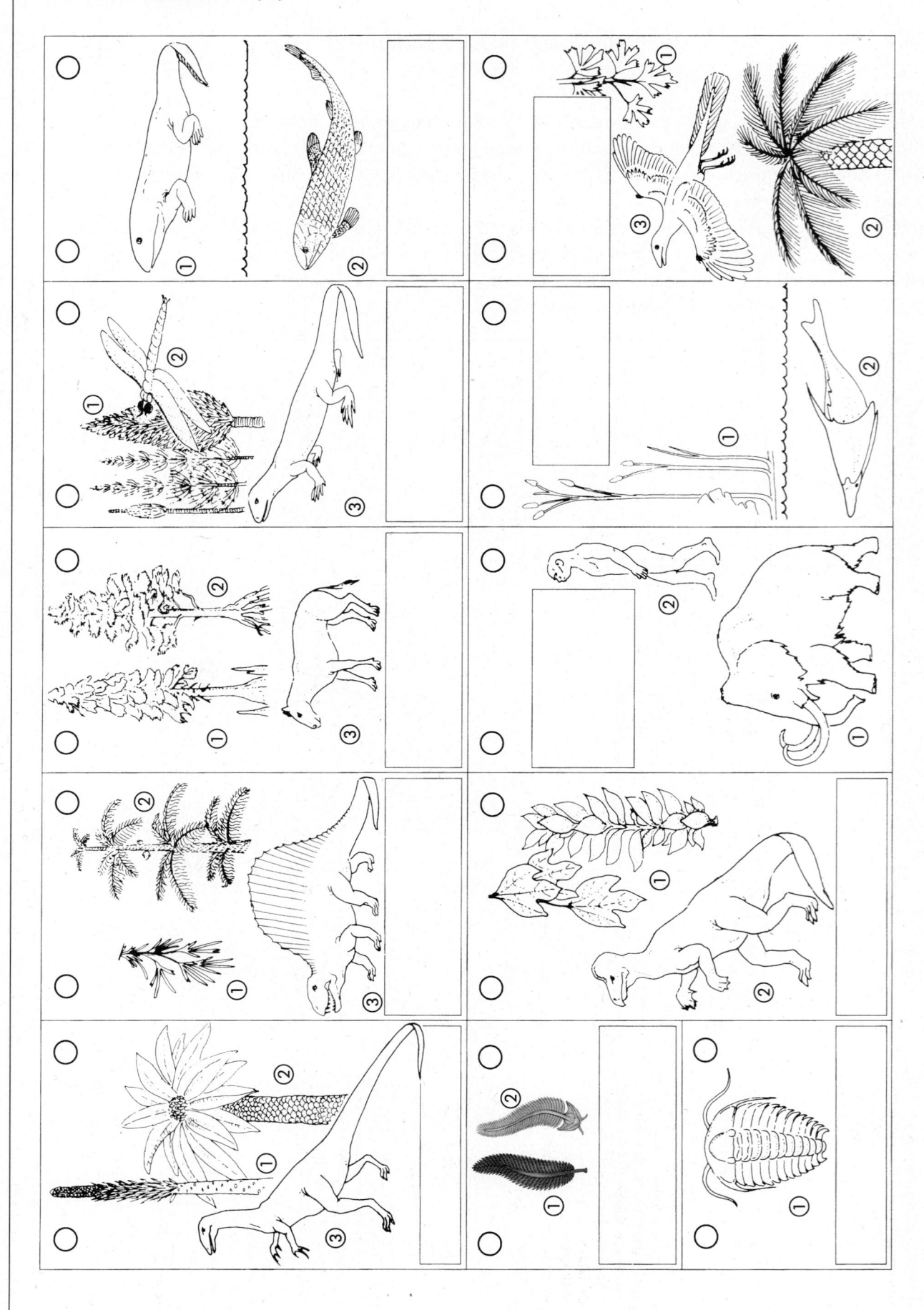

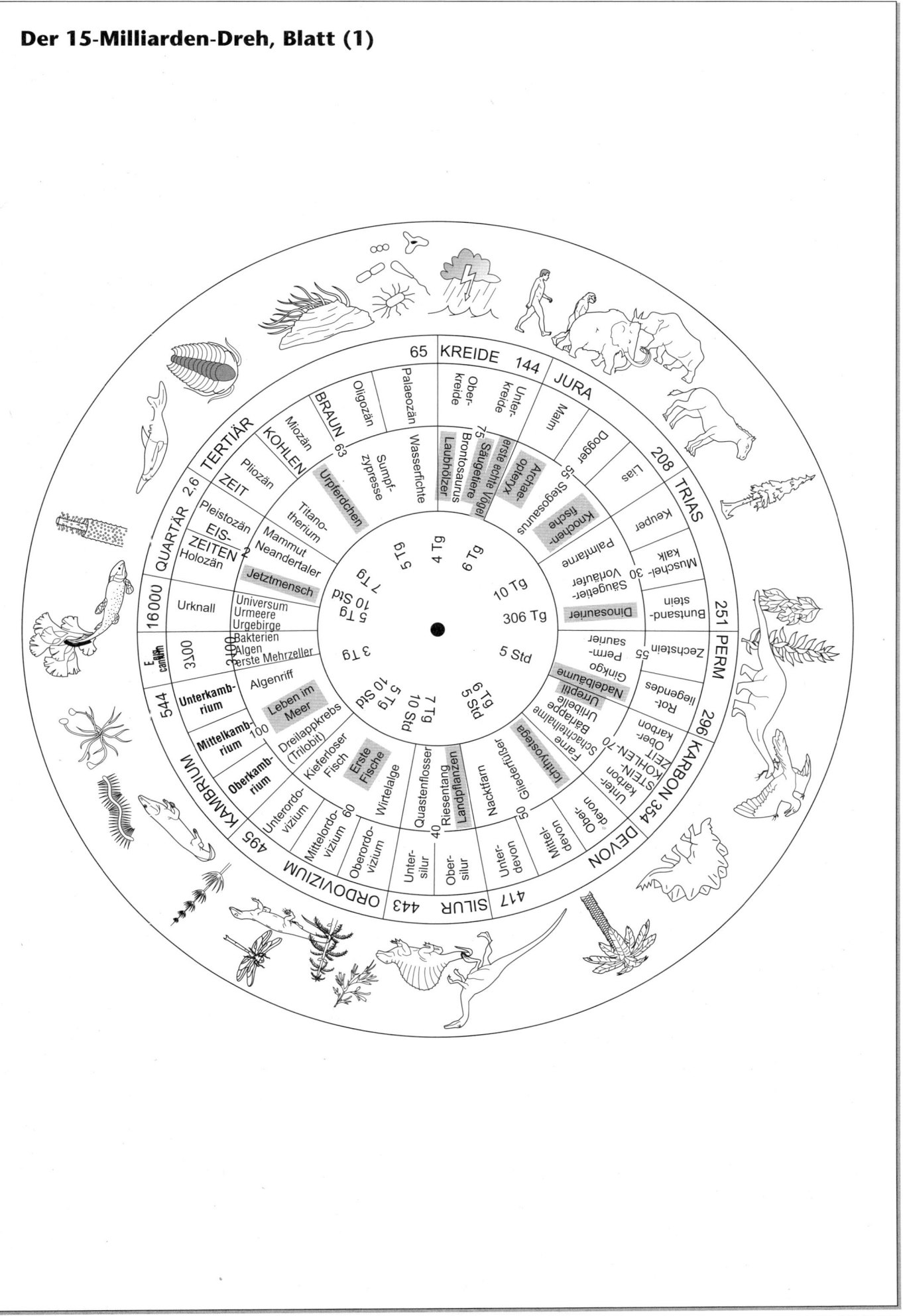

Der 15-Milliarden-Dreh, Blatt (1)

Der 15-Milliarden-Dreh, Blatt (2)

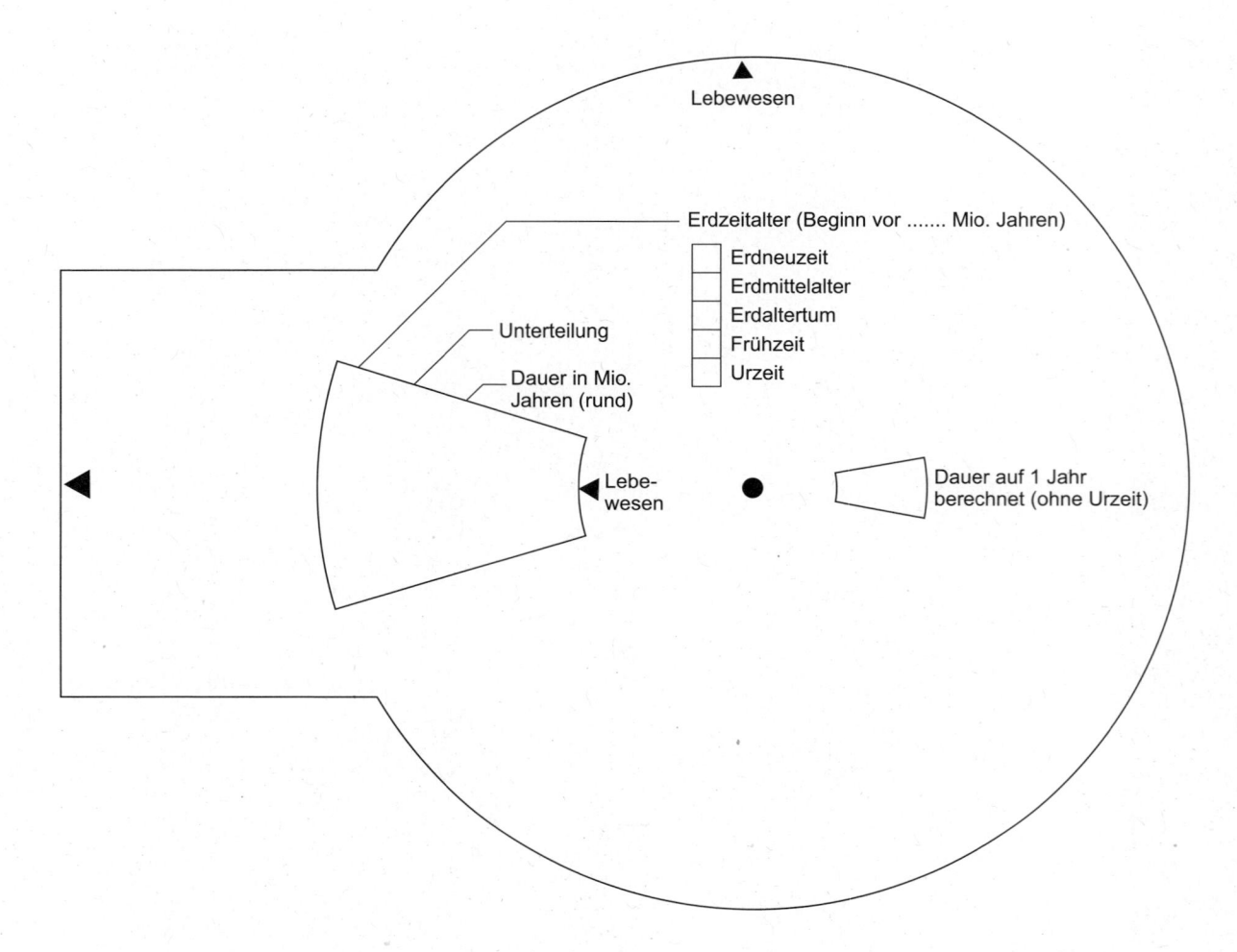

- Lebewesen
- Erdzeitalter (Beginn vor .... Mio. Jahren)
  - ☐ Erdneuzeit
  - ☐ Erdmittelalter
  - ☐ Erdaltertum
  - ☐ Frühzeit
  - ☐ Urzeit
- Unterteilung
- Dauer in Mio. Jahren (rund)
- Lebewesen
- Dauer auf 1 Jahr berechnet (ohne Urzeit)

1. Schneide die Drehscheibe von Blatt 1 grob aus und klebe sie auf einen dünnen Karton. Schneide die Scheibe dann genau aus.
2. Klebe die zweite Drehscheibe (Blatt 4) genau auf die freie Seite des Kartons und schneide auch sie aus.
3. Klebe die beiden Halterhälften (Blatt 2 und 3) auf dünnen Karon auf, und zwar so, dass die Dreiecke auf den Griffteilen genau aneinander liegen (siehe die kleine Zeichnung auf Blatt 3).
4. Schneide die Drehscheibenhalter sauber aus und schneide die beiden Fenster („Lebewesen" und „Dauer auf ein Jahr berechnet") hinein.
5. Durchbohre alle Teile vorsichtig an den schwarzen Punkten. Jetzt kannst du sie farbig anmalen oder mit Folie überziehen.
6. Knicke den Halter genau in der Mitte, lege die Drehscheibe dazwischen und verbinde die Teile mit einer Briefklammer.

Der 15-Milliarden-Dreh, Blatt (3)

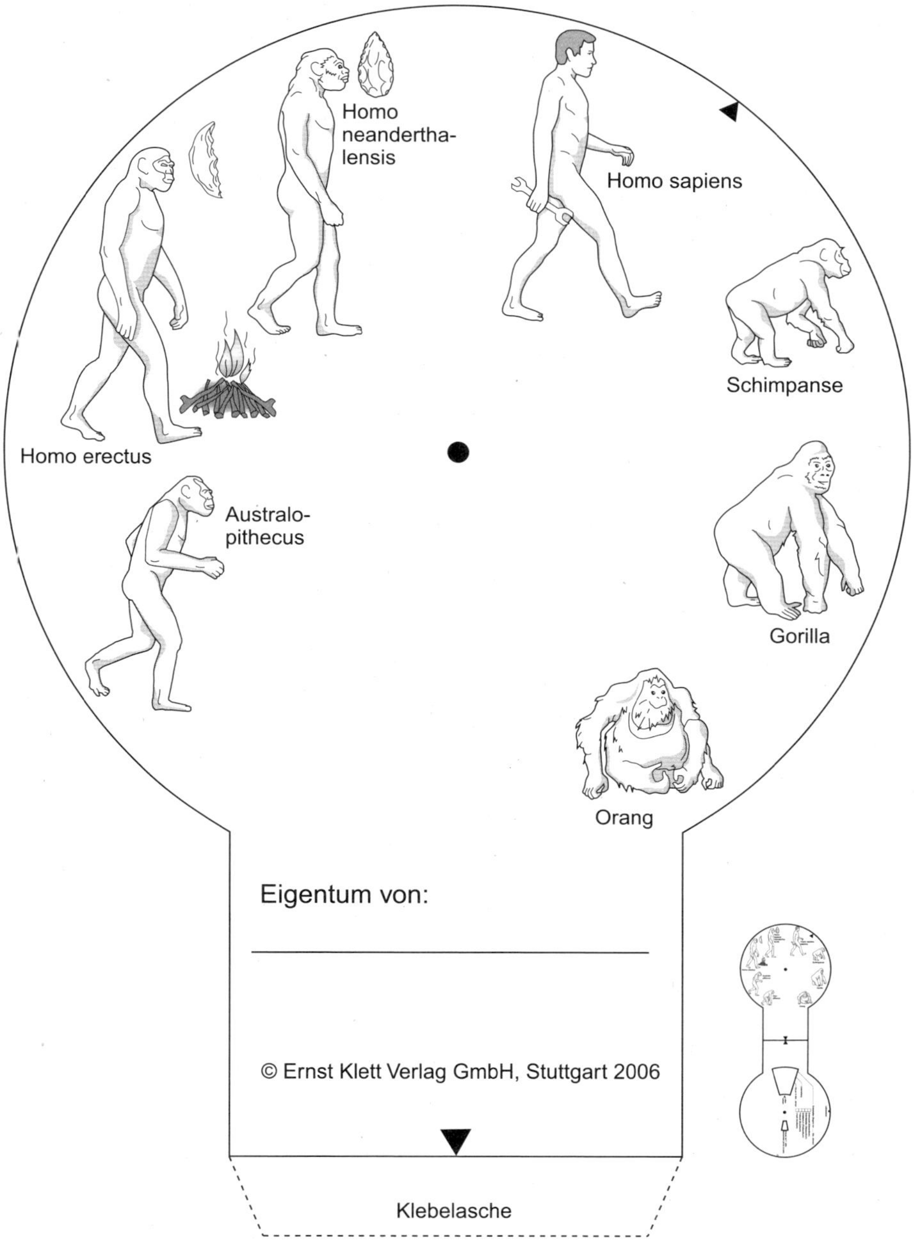

Homo neanderthalensis

Homo sapiens

Homo erectus

Australopithecus

Schimpanse

Gorilla

Orang

Eigentum von:

© Ernst Klett Verlag GmbH, Stuttgart 2006

Klebelasche

Der 15-Milliarden-Dreh, Blatt (4)

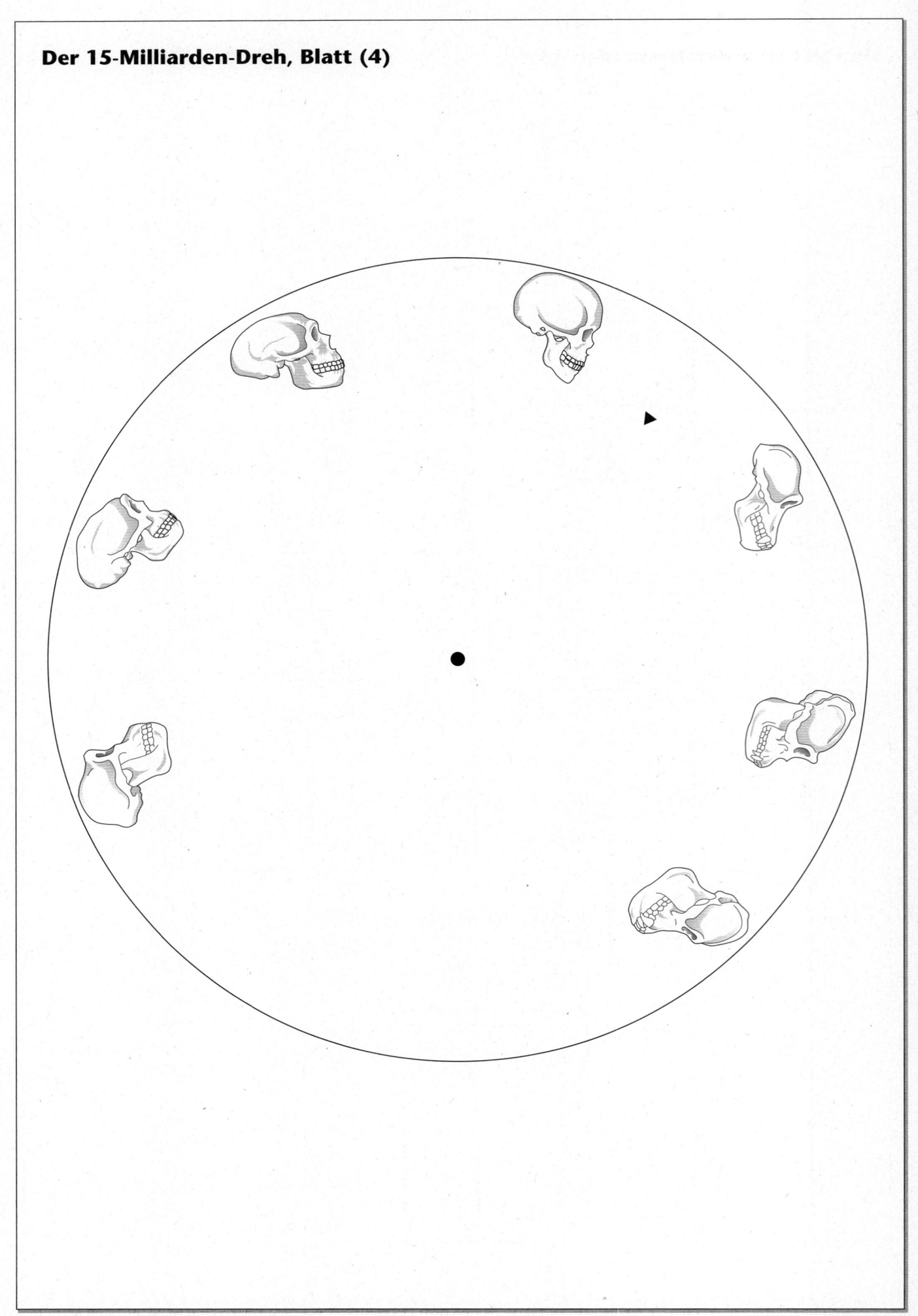

Die Stammesentwicklung der Pferde

Trage ein, wann die drei ausgewählten Pferdeformen auftraten.
Mache Angaben über a) Körpergröße, b) Lebensweise,
c) Fußform und d) Form der Backenzähne.

Südamerika	Nordamerika	Eurasien	Afrika

Equus

vor _____ Jahren _____

a) _____

b) _____

_____

c) _____

_____

d) _____

Merychippus

vor _____ Jahren _____

a) _____

b) _____

_____

c) _____

_____

d) _____

Hyracotherium

vor _____ Jahren _____

a) _____

b) _____

_____

c) _____

_____

d) _____

Wir stellen „Fossilien" selbst her

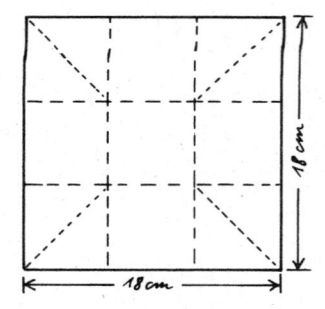

Schnitt- und Faltvorlage zur Herstellung eines Schälchens aus Alu-Folie

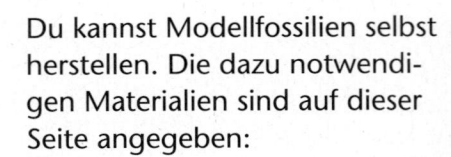

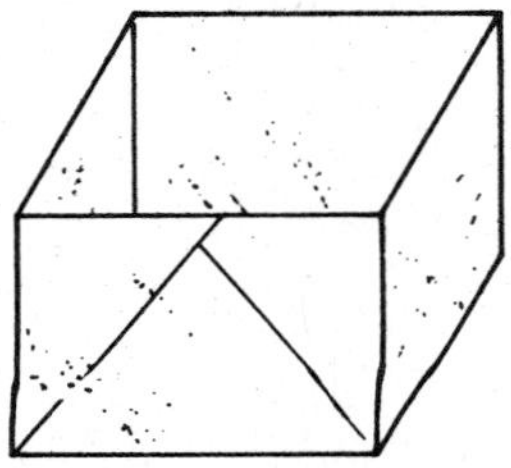

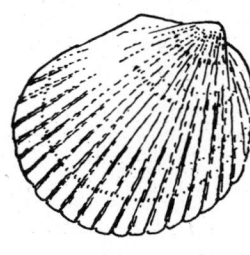

Herzmuschel

Du kannst Modellfossilien selbst herstellen. Die dazu notwendigen Materialien sind auf dieser Seite angegeben:

a) *Herstellung eines Abdrucks*
Bestreiche eine Muschelschale beidseitig mit Vaseline. Gieße Gips in ein Alu-Schälchen (etwa halb voll). Drücke die Schale mit der Außenseite bis zum Rand in den Gips. Sobald der Gips erstarrt ist, bestreichst du die Gipsoberfläche mit Vaseline. Fülle nun das Alu-Schälchen mit Gips auf. Nach Aushärten des Gipsblocks kannst du die Schale herauslösen.

b) *Herstellung eines Steinkernmodells*
Bestreiche beide Abdruckhälften mit Vaseline. Fülle die Vertiefung mit Gips auf und drücke die gewölbte Abdruckhälfte darauf. Nach ca. 1 Woche kannst du das Steinkernmodell herauslösen.

c) *Herstellung eines Versteinerungsmodells*
Verfahre wie bei b). Fülle jedoch den Abdruck mit Hartkleber (Ersatzsubstanz) auf. Nach ca. 1 Woche kannst du dann auch das Versteinerungsmodell herauslösen.

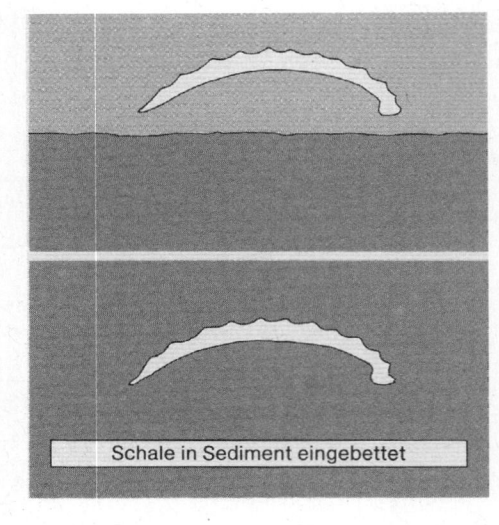

Schale in Sediment eingebettet

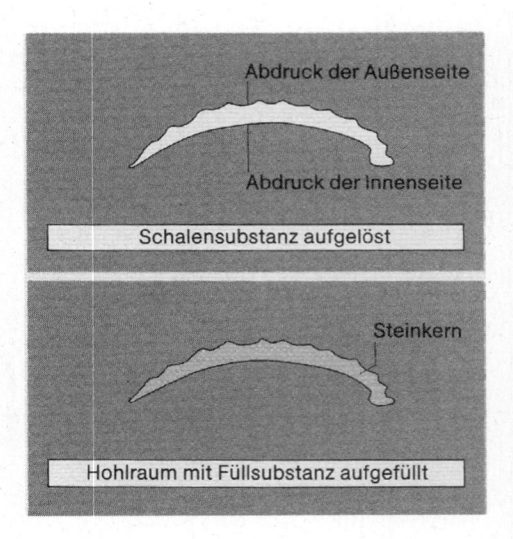

Abdruck der Außenseite
Abdruck der Innenseite
Schalensubstanz aufgelöst

Steinkern
Hohlraum mit Füllsubstanz aufgefüllt

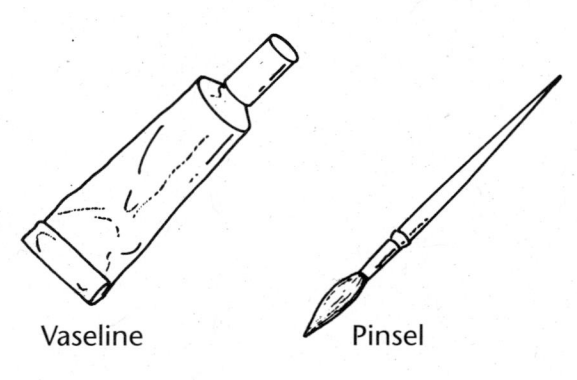

Vaseline — Pinsel 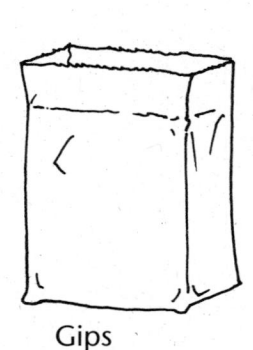 — Gips  — Holzstab — Gips : Wasser = 1 : 1

Pflanzen besiedeln das Land

Wasserpflanzen können nicht problemlos überleben, wenn sie an Land gespült werden. Der Übergang vom Leben im Wasser zum Leben an Land vollzog sich schrittweise während ca. 20 Millionen Jahren. Als eine der ersten Landpflanzen gilt *Rhynia*, ein Nacktfarn.

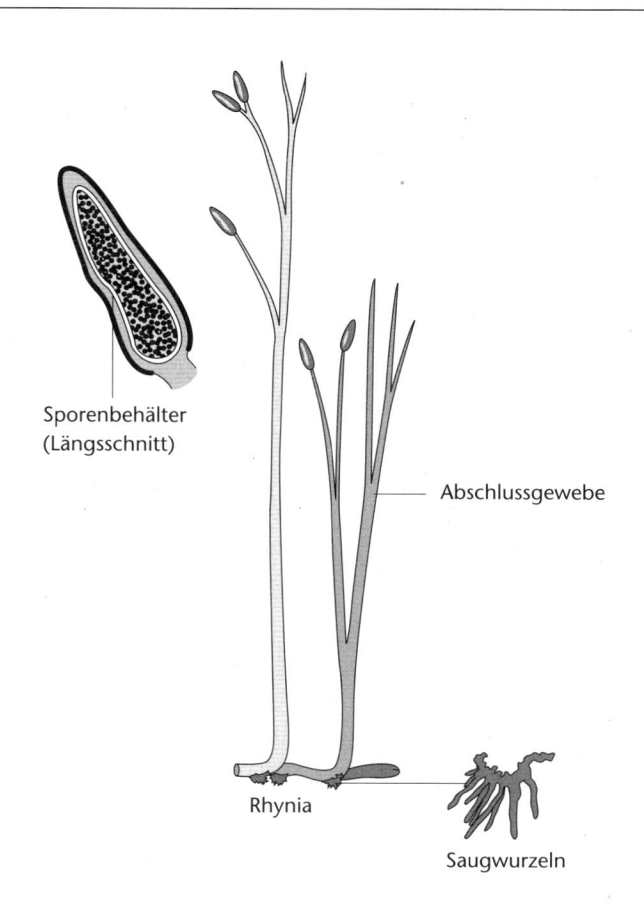

Sporenbehälter (Längsschnitt)

Abschlussgewebe

Rhynia

Saugwurzeln

1. Stelle typische Merkmale von Landpflanzen zusammen.

2. Welche Merkmale von Rhynia deuten darauf hin, dass es sich um eine Landpflanze handelte?

Tiere gehen an Land

Das Devon (vor 417 – 354 Mio. Jahren) gilt als Zeitalter der Fische, da sich diese Tiergruppe in jener Zeit besonders stark entfaltete. Aufgrund von Fossilfunden nimmt man an, dass in der gleichen Zeit die ersten Landwirbeltiere das Land besiedelten. Dazu brauchten sie Atmungsorgane für die Luftatmung und mussten sich an Land fortbewegen können. Eine Vielzahl von Untersuchungen erbrachten u. a. folgende Ergebnisse:

– Lungenfische haben einen oder zwei Lungenflügel. Dadurch können sie längere Trockenperioden in Höhlen überleben.
– Untersuchungen bei Knochenfischen zeigen, dass sich die Schwimmblase aus ursprünglichen Lungen entwickelt hat. Schwimmblasen sind bei den meisten heute lebenden Knochenfischen zu finden.
– Wie bei den rezenten ausgewachsenen Lungenfischen fand man auch bei fossilen Lungenfischen flache Kauplatten statt Zähne. Quastenflosser dagegen haben Zähne, Amphibien haben keine Zähne.

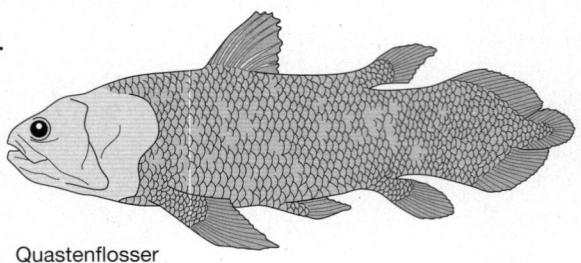

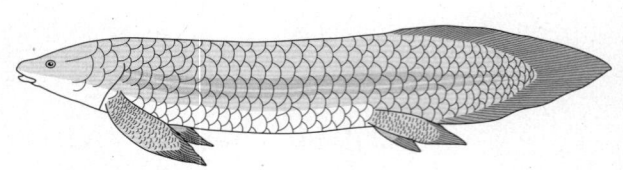

Quastenflosser

Australischer Lungenfisch

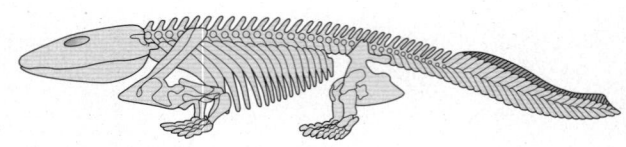

fossiles Amphibium Ichthyostega

1. Haben sich die Amphibien vermutlich eher aus Vorfahren der Lungenfische oder der Quastenflosser entwickelt? Begründe.

2. Heute lebende Lungenfische haben Lungen. Dies ist aber kein geeigneter Beleg für die enge Verwandtschaft zu den Amphibien. Nimm Stellung zu dieser Aussage.

Saurier – ausgestorbene Kriechtiere

In den verschiedenen Schichten der Erdkruste findet man immer wieder Versteinerungen von Pflanzen und Tieren. Durch besonders günstige Umstände haben sich Reste von Lebewesen oder Abdrücke von ihnen in Stein verwandelt und sind über Jahrmillionen erhalten geblieben. Auch über heute ausgestorbene Kriechtiere, die Saurier, hat man auf diese Weise Aufschluß bekommen. Sie stellten in der Jura- und Kreidezeit die vorherrschenden Tierformen dar. Das war vor etwa 150 Millionen Jahren.

Flugsaurier

Raubsaurier

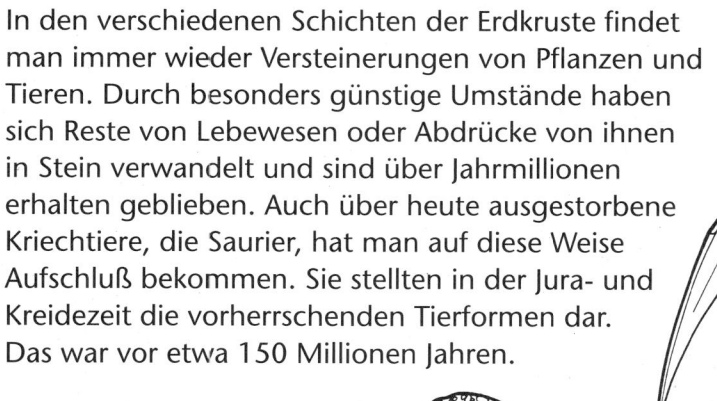

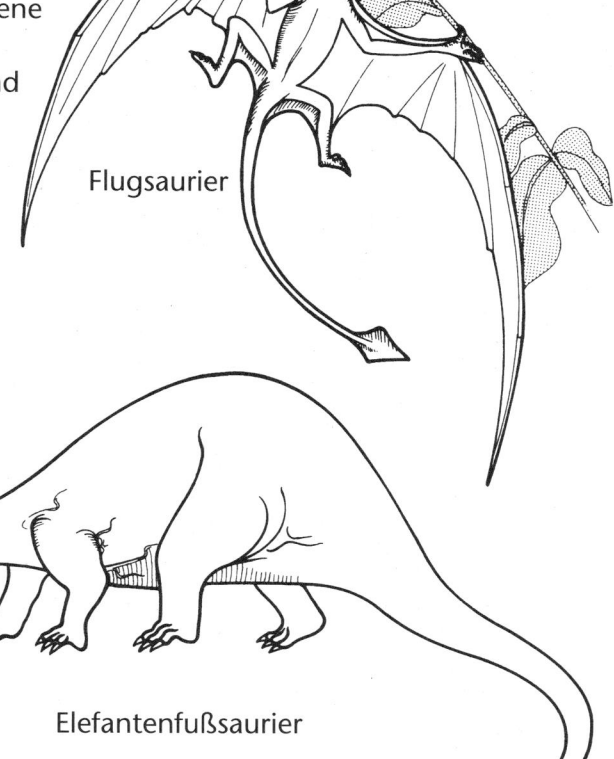

Elefantenfußsaurier

Paddelsaurier

Fischsaurier

1. Welche Lebensräume bewohnten die dargestellten Saurier?

Vergleich von Vogel, Archaeopteryx und Reptil

Male am Skelett des Archaeopteryx Vogelmerkmale rot, Reptilienmerkmale grün an.

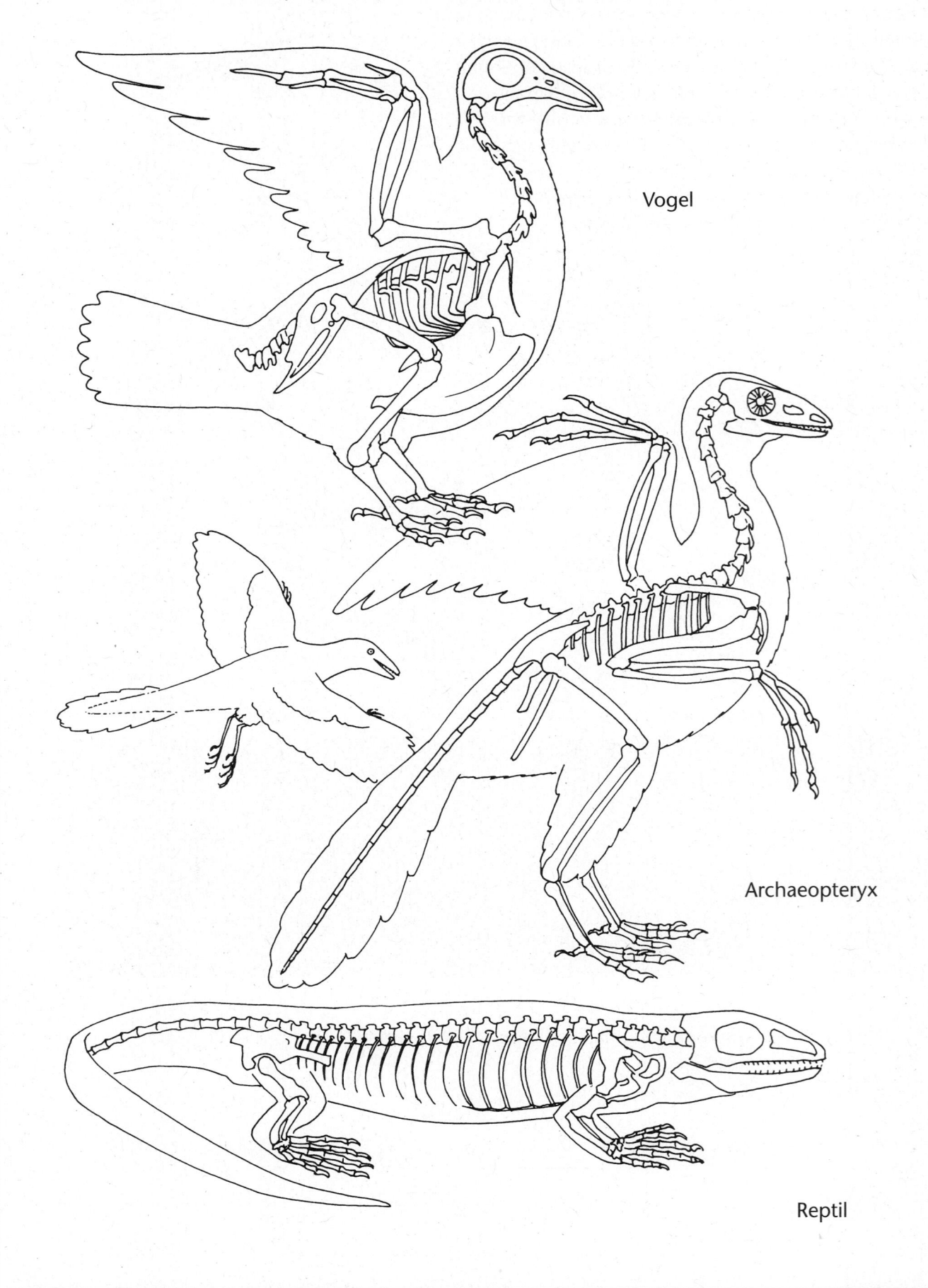

Vogel

Archaeopteryx

Reptil

Die Darwinfinken – ein Beispiel für die Entstehung neuer Arten (A)

1. Lies den Text durch.

2. Schneide die Abbildungen (unten) aus und ordne sie in das vorgegebene Schaubild auf Blatt (B) ein. Nach welchen Gesichtspunkten erfolgt die Einteilung? (siehe Text)
(Lösungshilfe: In richtiger Reihenfolge ergeben die Lösungsbuchstaben den Namen eines großen Wissenschaftlers).

Konrad Lorenz schreibt über Darwins Beobachtungen auf den Galapagos-Inseln:

„Da gab es eine Anzahl von recht unscheinbaren Finkenarten, aus deren großer und viele Einzelheiten betreffender Ähnlichkeit eindeutig hervorging, daß sie aufs nächste miteinander verwandt waren. … In einer Hinsicht aber waren die einzelnen Arten dieser Vögel so verschieden voneinander wie nur denkbar: Vom dicken Schnabel des Kernbeißers bis zum zarten und dünnen Schnäbelchen eines Laubsängers fanden sich bei ihnen so ziemlich sämtliche Schnabelformen, die wir von Singvögeln der großen Kontinente kennen. … Ernährung und Lebensweise entsprechen jeweils der Schnabelform: einer frißt, wie der Kernbeißer, härtere Sämereien, ein anderer hat sich, wie ein Laubsänger, auf den Insektenfang spezialisiert, und ein weiterer, der Spechtfink, … lebt davon, daß er mit einem Kaktus-Stachel Insekten aus Rindenspalten und Astlöchern herausstochert."

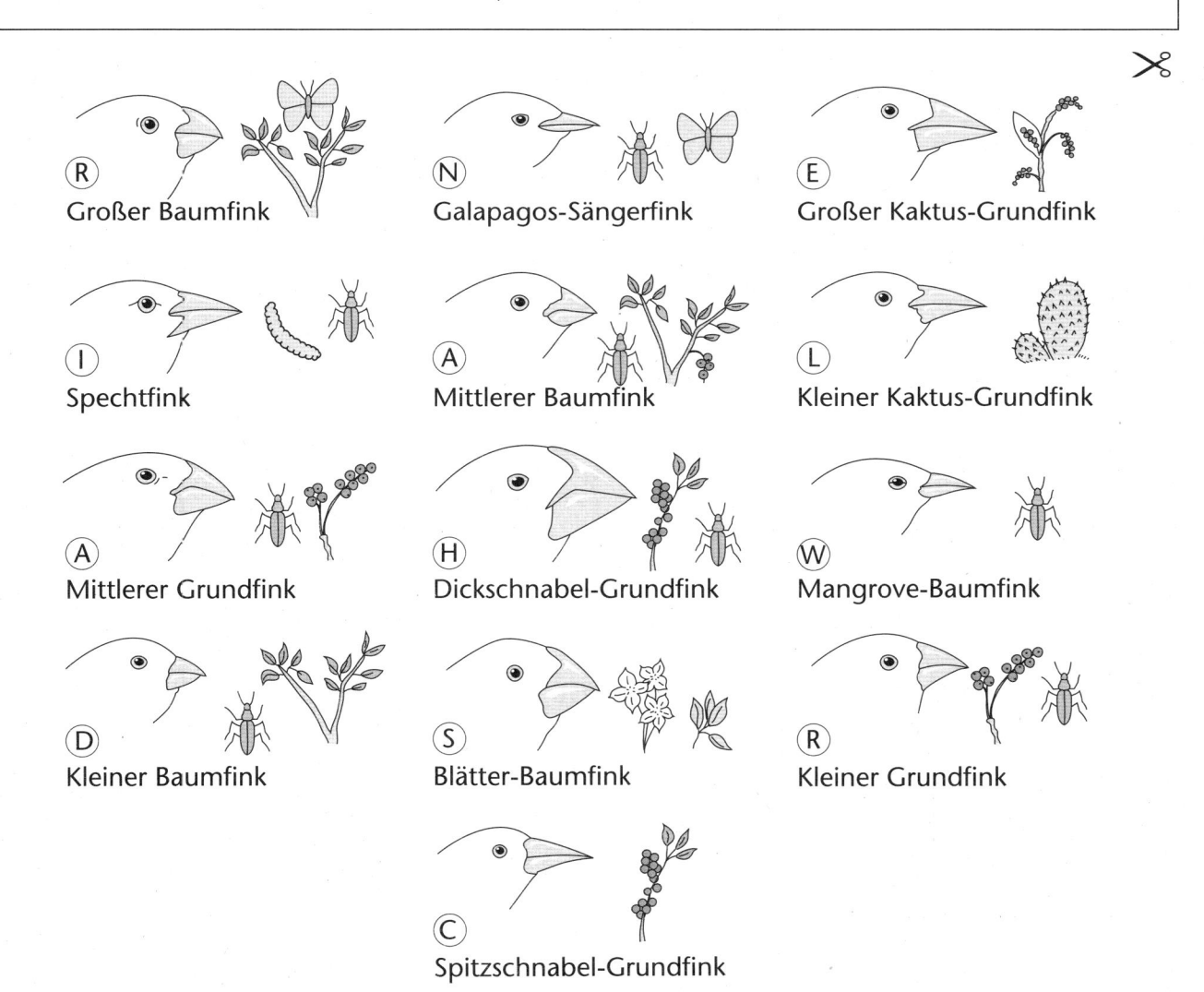

(R) Großer Baumfink
(N) Galapagos-Sängerfink
(E) Großer Kaktus-Grundfink

(I) Spechtfink
(A) Mittlerer Baumfink
(L) Kleiner Kaktus-Grundfink

(A) Mittlerer Grundfink
(H) Dickschnabel-Grundfink
(W) Mangrove-Baumfink

(D) Kleiner Baumfink
(S) Blätter-Baumfink
(R) Kleiner Grundfink

(C) Spitzschnabel-Grundfink

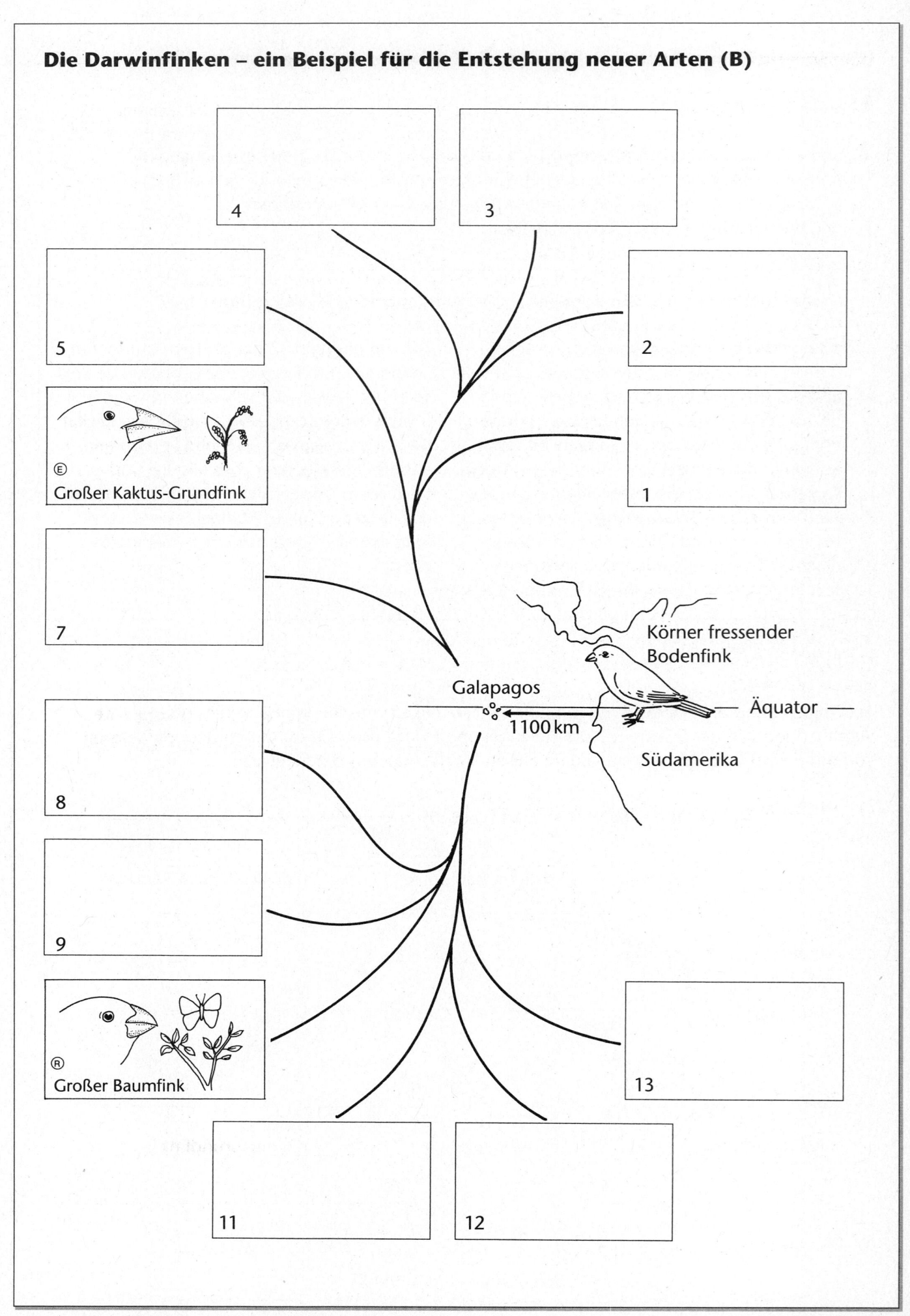

Die Darwinfinken – ein Beispiel für die Entstehung neuer Arten (B)

- 1
- 2
- 3
- 4
- 5
- E Großer Kaktus-Grundfink
- 7
- 8
- 9
- R Großer Baumfink
- 11
- 12
- 13

Galapagos ← 1100 km — Körner fressender Bodenfink — Äquator — Südamerika

Von Aristoteles bis Darwin

Schon ARISTOTELES (384 – 322 v. Chr.) sprach davon, dass die Natur in ständiger Entwicklung begriffen sei. Nach seiner Ansicht war für die Urzeugung ein göttlicher Schöpfer verantwortlich. Andere Auffassungen zur Abstammungslehre vertraten erst die Naturwissenschaftler des 18. Jahrhunderts:

LAMARCK (1744 – 1829)
- nahm an, dass Lebewesen sich nach und nach wandeln,
- glaubte, dass die Ursachen für die Veränderung langfristige Umweltveränderungen sind, an die die Lebewesen sich anpassen, und
- behauptete, dass auf diese Weise neu erworbene Eigenschaften vererbt werden.

CUVIER (1769 – 1832)
- ging davon aus, dass neue Arten nur durch wiederholte Neuschöpfungen entstehen können, die regelmäßig nach jeder Naturkatastrophe stattfänden,
- war der Meinung, dass bei den Naturkatastrophen die Mehrzahl der Organismen ausstirbt und
- meinte, eine Entwicklung von Art zu Art sei nicht möglich.

DARWIN (1731 – 1802)
- belegte die Veränderlichkeit der Arten,
- erklärte die Entwicklung als Zeichen eines „göttlichen Vervollkommnungstriebes" und
- fand Ursachen für die Angepasstheit der Organismen.

Auf Madeira und den Kerguelen-Inseln, wo sehr häufig stürmische Winde toben, gibt es eine Vielzahl flugunfähiger Insekten. Stummelflügel und Flügelansätze lassen vermuten, dass deren Vorfahren einst flugfähig waren. Erkläre diesen Sachverhalt aus der Sicht von

a) Aristoteles _____

_____

_____

b) Lamarck _____

_____

_____

c) Cuvier _____

_____

_____

d) Darwin _____

_____

Gleicher Bauplan – gemeinsame Abstammung

1. Beschrifte den Grundbauplan der Wirbeltiergliedmaßen. Male verschiedene Teile in unterschiedlichen Farben an.

2. Vergleiche den Grundbauplan mit den dargestellten Abwandlungen. Kennzeichne die einander entsprechenden Abschnitte mit den gewählten Farben.

3. Ordne die folgenden Säugetiere den entsprechenden Gliedmaßen zu: Wal, Maulwurf, Mensch, Pferd, Vogel, Fledermaus. Beschreibe die Angepasstheit der Gliedmaßen.

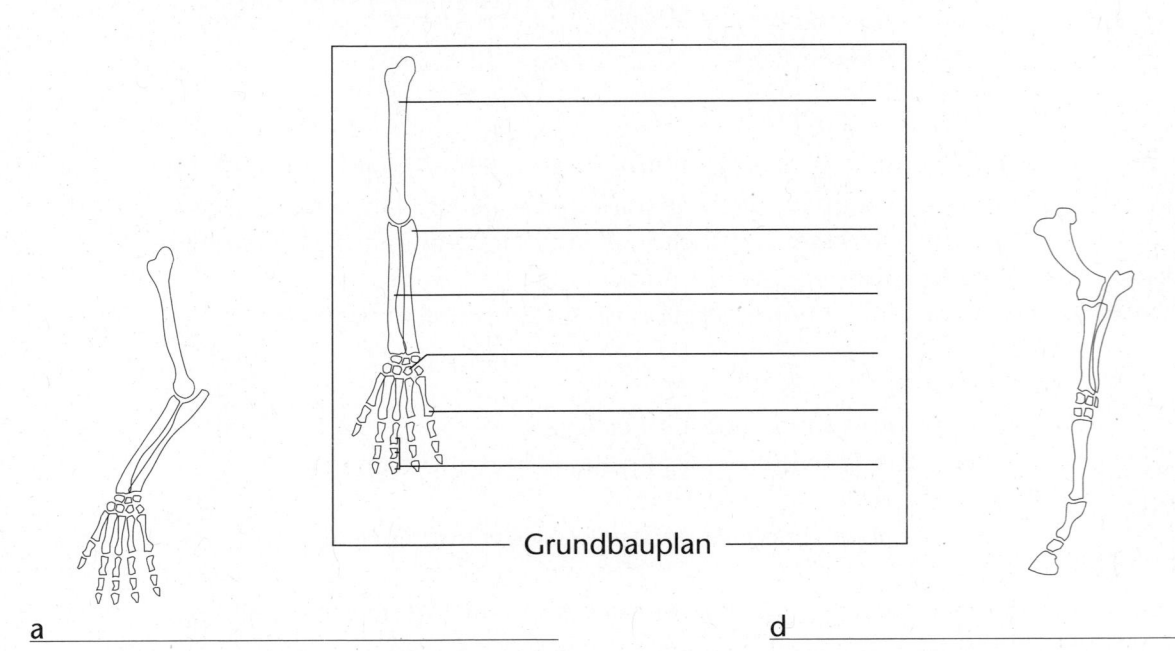

Grundbauplan

a _____

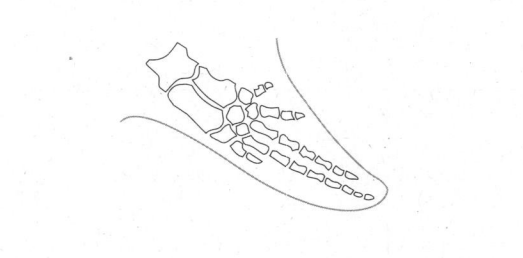

b _____

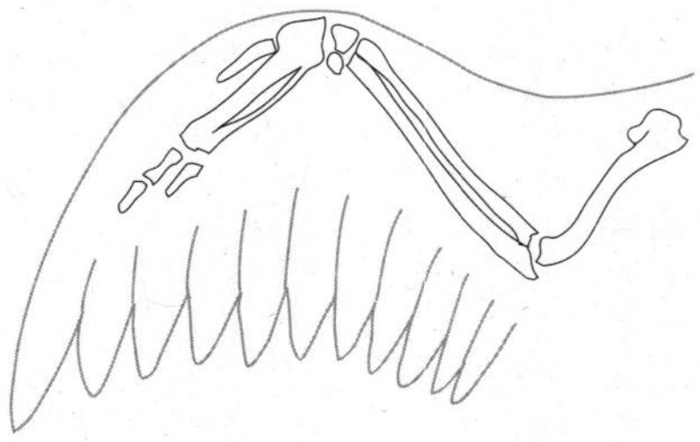

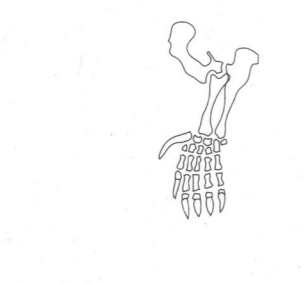

c _____

d _____

e _____

f _____

Vergleich der Skelette von Schimpanse und Mensch

Charakterisiere stichwortartig die beiden Skelette.
Unterstreiche Anpassungen an das Leben auf Bäumen grün,
Anpassungen an den aufrechten Gang rot.

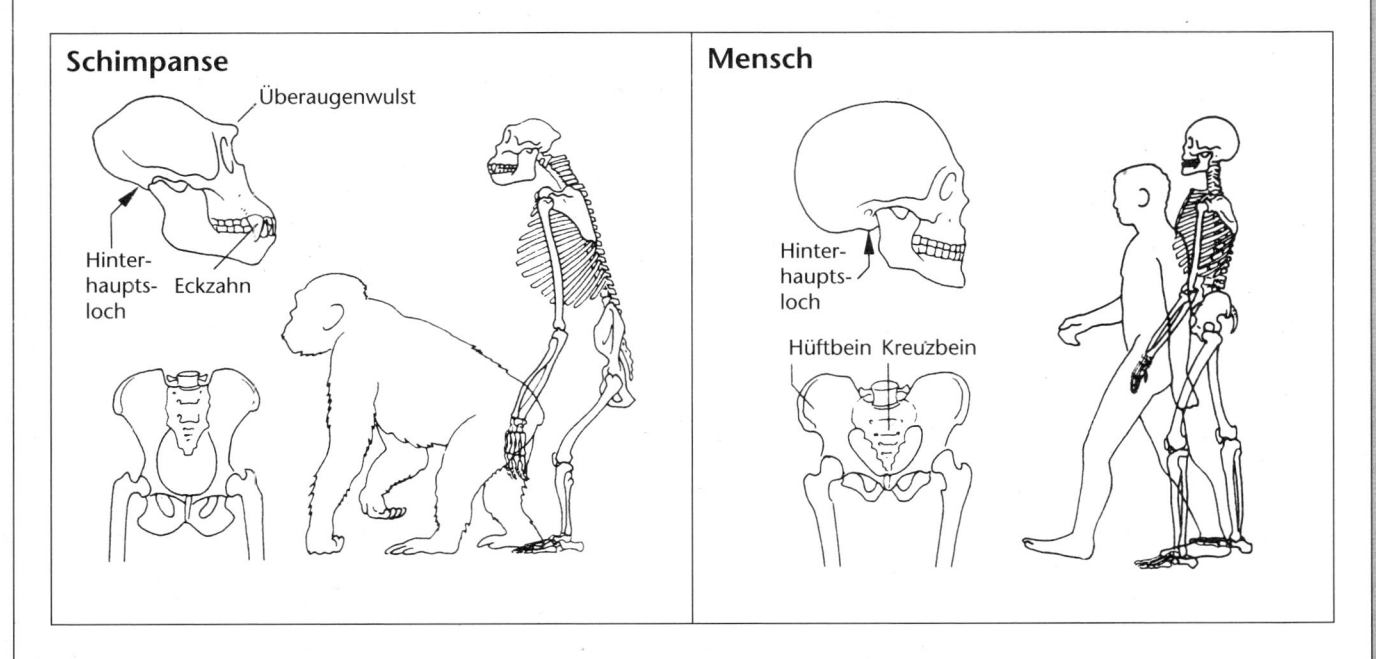

Schimpanse — Überaugenwulst, Hinterhauptsloch, Eckzahn

Mensch — Hinterhauptsloch, Hüftbein, Kreuzbein

Wirbelsäule		
Becken		
Gliedmaßen		
Schädel		
Gebiss		

Die Vielfalt der Menschen (1)

1. Auf dem Arbeitsblatt (2) sind Personen aus den unterschiedlichsten Bevölkerungsgruppen abgebildet. Schneide die Fotos aus und ordne diejenigen zu Gruppen, die Menschen zeigen, die deiner Meinung nach genetisch besonders eng verwandt sind. (Du kannst bis zu fünf Gruppen mit jeweils höchstens fünf Personen bilden.)

2. Notiere zu jeder der Gruppen die typischen Merkmale.
Gehe dazu nach folgendem Schema vor:

Gruppe 1 typische Merkmale

| Nr. | Nr. | Nr. | Nr. |

Gruppe 2

| Nr. | Nr. | Nr. | Nr. |

3. Nach welchen Gesichtspunkten hast du die Bilder geordnet?

4. Gibt es Fotos, die du nur schwer oder gar nicht zuordnen konntest?

Foto Nr.   Begründung:

5. Von deinem Lehrer erfährst du, zu welchen Bevölkerungsgruppen die abgebildeten Menschen gehören, und welchen „Rassen" man sie zuordnet. Schreibe die jeweilige Bevölkerungsgruppe und die „Rasse" in die freien Felder unter den Abbildungen.

Die Vielfalt der Menschen (2)

Die Vielfalt der Menschen (3)

	Äthiopier	Europäer	Lappen	Indianer	Japaner	Bantu	Australier	Thai
Äthiopier	x	0,6	0,6	0,6	0,6	0,25	0,6	0,6
Europäer	0,6	x	0,2	0,3	0,3	0,6	0,4	0,4
Lappen	0,6	0,2	x	0,3	0,3	0,6	0,4	0,4
Indianer	0,6	0,3	0,3	x	0,15	0,6	0,4	0,4
Japaner	0,6	0,3	0,3	0,15	x	0,6	0,4	0,4
Bantu	0,25	0,6	0,6	0,6	0,6	x	0,6	0,6
Australier	0,6	0,4	0,4	0,4	0,4	0,6	x	0,35
Thai	0,6	0,4	0,4	0,4	0,4	0,6	0,35	x

Die Tabelle gibt genetische Unterschiede in Prozent an. Je kleiner die Abweichung, desto näher sind die entsprechenden Bevölkerungsgruppen miteinander verwandt.

1. Bilde aufgrund der genetischen Unterschiede (s. Tabelle) Paare nahe verwandter Gruppen. Trage auch die Ziffern der Abbildungen von Blatt (2) ein.

Äthiopier 7/16	Bantu 2/11

2. Welche Überraschungen ergeben sich? Ist eine Einteilung der Menschen nach äußeren Merkmalen sinnvoll? Begründe deine Meinung.

_____

_____

_____

_____

Die Vielfalt der Menschen (4)

Rassen – ein Beispiel aus dem Tierreich
Rabenkrähe und Nebelkrähe sind äußerlich gut unterscheidbar (s. Abb.). Die Rabenkrähe ist westlich der Elbe anzutreffen, die Nebelkrähe östlich davon. Wo sich die heutigen Verbreitungsgebiete überschneiden, gibt es Mischlinge. Rabenkrähe und Nebelkrähe sind Rassen oder Unterarten derselben Art. Man nimmt an, dass die Krähen während der letzten Eiszeit in durch Gletscher völlig getrennte Gebiete verdrängt wurden. Dort haben sie sich unabhängig voneinander weiterentwickelt.
Die Untersuchung bestimmter Gene, kam zu folgendem Ergebnis: Rabenkrähen unterscheiden sich untereinander nur wenig; sie sind genetisch relativ einheitlich. Zwischen Rabenkrähe und Nebelkrähe gibt es dagegen deutliche Unterschiede – nicht nur was das Aussehen betrifft!

Gibt es Menschenrassen?
Alle heute lebenden Menschen gehören zur selben Art. Die genetischen Unterschiede zwischen den Menschen einer Bevölkerungsgruppe sind relativ groß. Verschiedene Mitteleuropäer beispielsweise unterscheiden sich also trotz „ähnlichem Aussehen" im Durchschnitt relativ stark. Zwischen Mitteleuropäern und z. B. Afrikanern insgesamt hat man dagegen relativ geringe genetische Unterschiede gefunden. Diese betreffen in erster Linie äußerlich sichtbare Merkmale.

1. Lies den Text über Raben- und Nebelkrähe. Wodurch zeichnen sich Tierrassen aus?

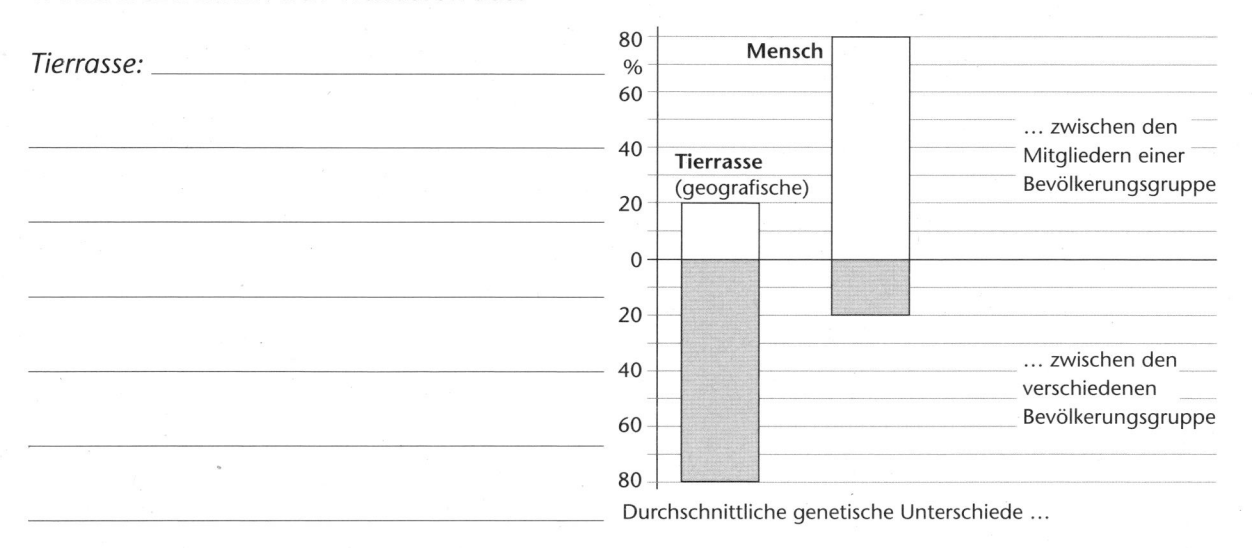

Tierrasse: _____

_____

_____

_____

_____

_____

Durchschnittliche genetische Unterschiede …

… zwischen den Mitgliedern einer Bevölkerungsgruppe

… zwischen den verschiedenen Bevölkerungsgruppe

2. Vergleiche deine Definition des Begriffs „Tierrasse" mit den Befunden beim Menschen. Unterstreiche die Gemeinsamkeiten blau und die Unterschiede rot.

3. Ist es nach deinen Ergebnissen gerechtfertigt, von „Menschenrassen" zu sprechen. Begründe deine Entscheidung.

_____

_____

Sprache ohne Worte

Verstehst du was diese Menschen „sagen" wollen? Schreibe es auf.

Vom Säugling zum Kleinkind

1. Ergänze den nachfolgenden Lückentext:

1. **Monat:** Der Säugling nimmt _____, _____

    und _____ wahr. Er erkennt die Stimmen von

    _____ und _____.

2. **Monat:** Der Säugling kann jetzt in der Bauchlage den _____ heben,

    in der _____ mit den Beinen _____.

3./4. **Monat:** Der Säugling kann im Sitzen den _____ aufrecht halten.

    Er beginnt nach Gegenständen _____. Säuglinge signalisieren

    Wiedererkennen, indem sie bekannte Personen _____.

5.–7. **Monat:** Der Säugling kann sich in der Bauchlage mit den _____

    abstützen. In der _____ kann er sich hin- und herrollen.

    Säuglinge unterscheiden bekannte und fremde Personen.

    Sie stecken _____ selbstständig in den Mund.

8.–12. **Monat:** Der zum Kleinkind herangewachsene Säugling beginnt _____,

    _____, _____.

1.–3. **Lebensjahr:** Das Kleinkind beginnt _____ zu essen und zu trinken.

    Es betrachtet Bilderbücher und beginnt mit Ende des 2. Lebensjahres zu fragen.

    Es benötigt keine Windeln mehr.

2. Warum ist für Kleinkinder Spielzeug und die richtige Auswahl des Spielzeuges so wichtig?

_____

_____

3. Welche Faktoren wirken sich auf jegliches Lernen negativ aus?

_____

© Als Kopiervorlage freigegeben. Ernst Klett Verlag GmbH, Stuttgart 2006.

ISBN 3-12-113088-9

Angeborene Verhaltensweisen beim Menschen

Beschreibe das jeweils dargestellte Verhalten des Säugling und deute es!

Verhalten   Bedeutung

a) _____   _____

b) _____   _____

c) _____   _____

d) _____   _____

Einfach niedlich – das Kindchenschema

Vorbemerkung: *Bevor du Aufgabe 1 bearbeitest, decke den Rest des Arbeitsblattes mit einem Blatt Papier ab.*

1. Sieh dir die abgebildeten Eselsköpfe an und kreuze den Kopf an, den du am niedlichsten findest. Den am wenigsten niedlichen Kopf kennzeichne mit 0.

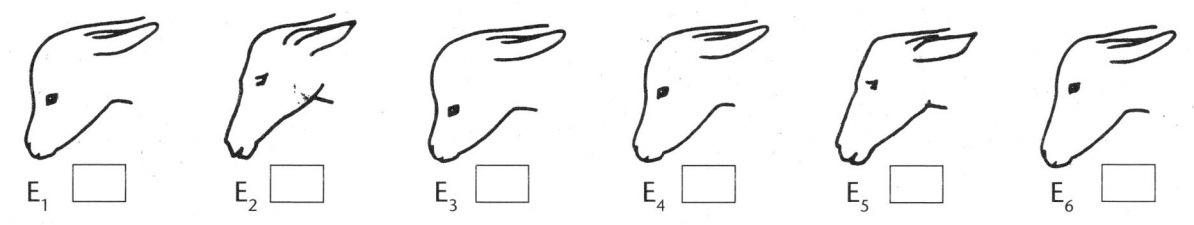

E_1 ☐ E_2 ☐ E_3 ☐ E_4 ☐ E_5 ☐ E_6 ☐

2. Kreuze entsprechend den Kinderkopf an, den du am niedlichsten findest. Kennzeichne den am wenigsten niedlichen Kopf mit 0!

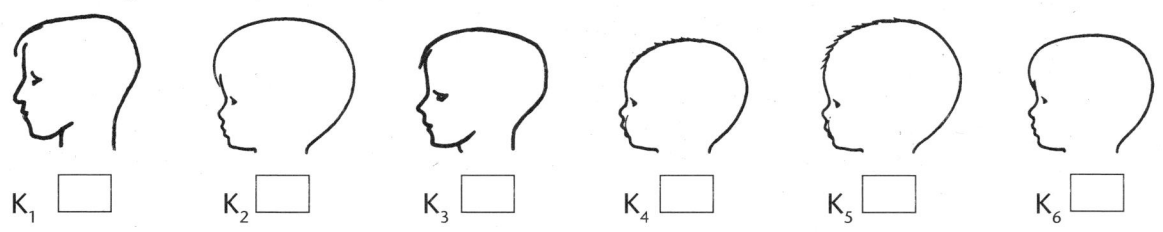

K_1 ☐ K_2 ☐ K_3 ☐ K_4 ☐ K_5 ☐ K_6 ☐

3. Wenn alle Schüler der Klasse die Aufgaben 1. und 2. bearbeitet haben, könnt ihr eure Ergebnisse auswerten.

a) Wie viele Schüler haben als niedlichsten Eselskopf gewählt:

E_1: _____ Schüler E_3: _____ Schüler E_5: _____ Schüler

E_2: _____ Schüler E_4: _____ Schüler E_6: _____ Schüler

b) Wie viele Schüler haben als niedlichsten Kinderkopf gewählt:

K_1: _____ Schüler K_3: _____ Schüler K_5: _____ Schüler

K_2: _____ Schüler K_4: _____ Schüler K_6: _____ Schüler

4. Der Versuch wurde in abgewandelter Form mit vielen Schülern und Studenten im Alter von 6 bis 30 Jahren durchgeführt. Es ergab sich, dass fast alle Versuchspersonen den Eselskopf E_3 und den Kinderkopf K_5 am niedlichsten fanden. Am wenigsten beliebt war E_6. Vergleicht mit eurem Ergebnis.

5. Nenne Merkmale des Kindchenschemas.

_____

_____

_____

Erdkröte auf Beutezug

a) b) c) d)

1. Schneide die Abbildungen der Erdkröte aus und klebe sie in der richtigen Reihenfolge in das Schema. Beschreibe zu jedem Bild in Stichworten, welche Teilhandlung die Erdkröte ausführt.

2. Der Ablauf des Beutefangs bei der Erdkröte ist immer gleich. Ist dieses Verhalten angeboren oder erlernt? Begründe deine Meinung.

Nüsse knacken will gelernt sein

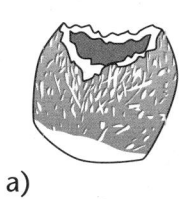

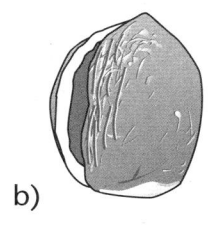

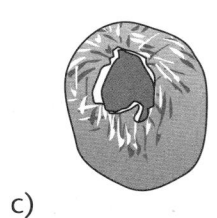

a)   b)   c)

1. Welche der abgebildeten Haselnüsse wurde von einem unerfahrenen, welche von einem erfahrenen Eichhörnchen geöffnet?

_____

_____

2. Beschreibe die Haselnüsse. Welche Unterschiede kannst du feststellen?

Nuss von unerfahrenem Eichhörnchen geöffnet	Nuss von erfahrenem Eichhörnchen geöffnet

3. Wie lässt sich feststellen, ob ein bestimmtes Verhalten eines Tieres angeboren oder erlernt ist?

_____

_____

_____

_____

Verständigung im Tierreich

1. Nenne die in den folgenden Abbildungen eingesetzten Kommunikationsmittel eines Hundes und gib ihre Bedeutung an.

A B C

	Kommunikationsmittel	Bedeutung
A		
B		
C		

2. Bienen verständigen sich über entdeckte Futterquellen. Fülle die Tabelle aus.

	Bienensprache
Angeboren oder erlernt?	
verwendete Zeichen	
Mitteilungsmöglichkeiten	

Die Tanzsprache der Bienen

An einem Spätnachmittag – die Sonne steht im Südwesten – kehren sieben Sammelbienen in ihren Bienenstock zurück und zeigen durch Tänze auf der senkrechten Wabe die Lage ihrer Futterquelle an.
Schreibe zu jeder Futterquelle die Nummer der Biene, die sie besucht hat.

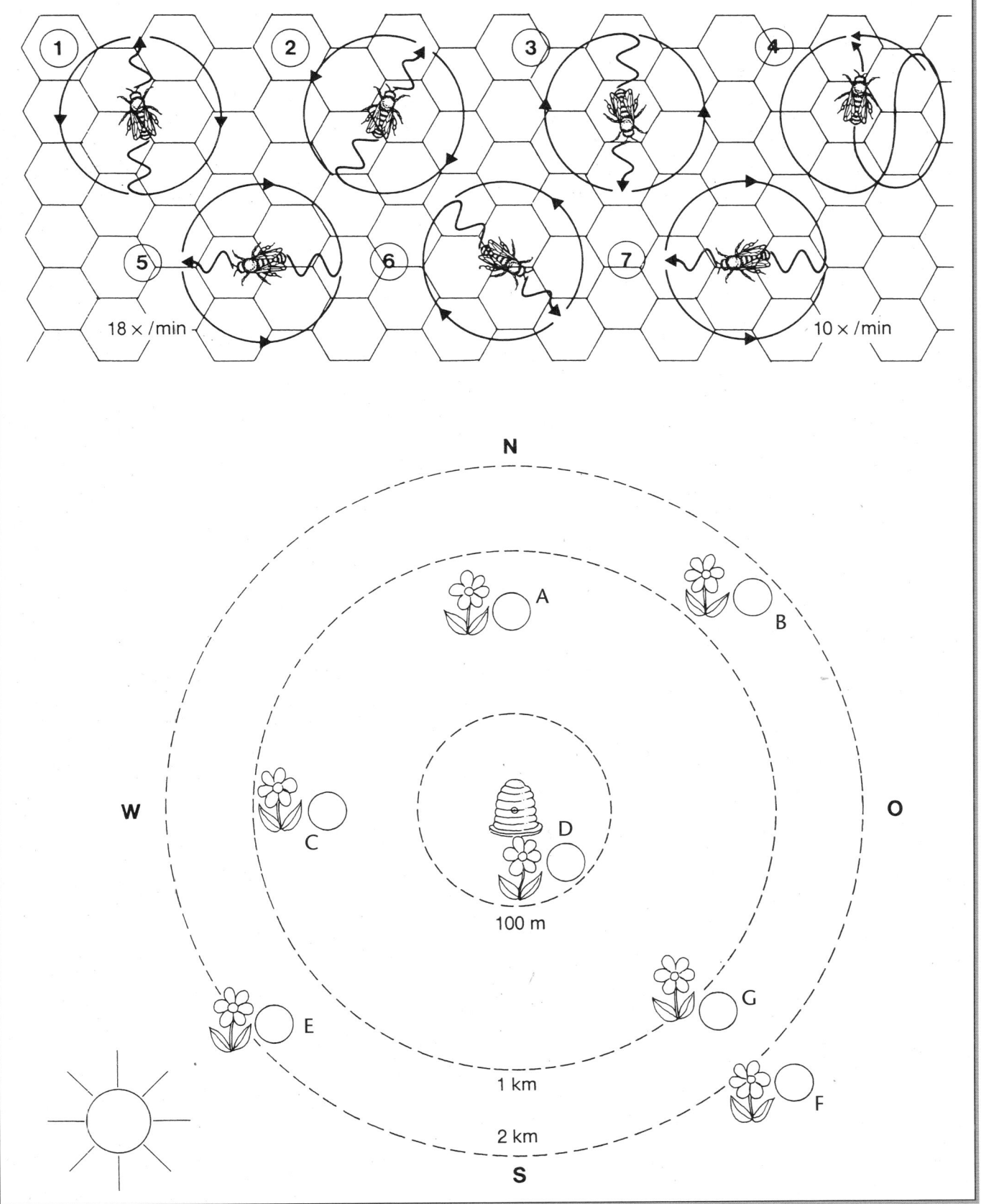

Was ist los im Amselrevier?

Das Bild zeigt zwei Amselreviere, die an der gestrichelten Linie aneinander grenzen.

Was geschieht an der Reviergrenze? (1–3). Was erkennst du sonst noch (4–11)?

① _____
② _____
③ _____
④ _____
⑤ _____
⑥ _____
⑦ _____
⑧ _____
⑨ _____
⑩ _____
⑪ _____

© Als Kopiervorlage freigegeben. Ernst Klett Verlag GmbH, Stuttgart 2006.

ISBN 3-12-113088-9

Körpersprache bei Mensch und Tier

1. Kennzeichne mit Pfeilen die jeweilige Bewegungsrichtung der Körperteile und beschreibe das Verhalten.

2. Versuche die abgebildeten Verhaltensweisen zu deuten.

3. Skizziere in Spalte f) als Strichzeichnung gegensätzliche Gesichtsausdrücke beim Menschen oder klebe eine entsprechende Abbildung ein.

a	b	c	d	e	f
Sieger und Besiegter	Torschütze und Torwart	Ranghöheres Männchen begrüßt rangniedrigeres Weibchen.	Ägyptischer Würdenträger und Untergebener	Lachen und ängstliches Drohen	

Aufbau und Funktion des Transistors

1. Ein Transistor besteht aus 3 Zonen:

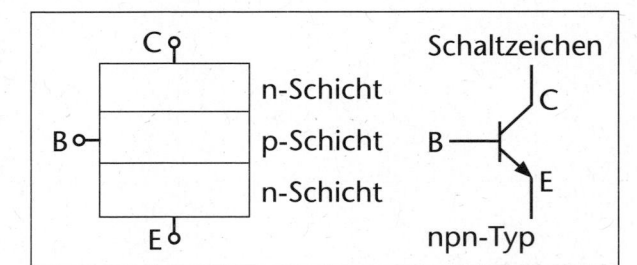

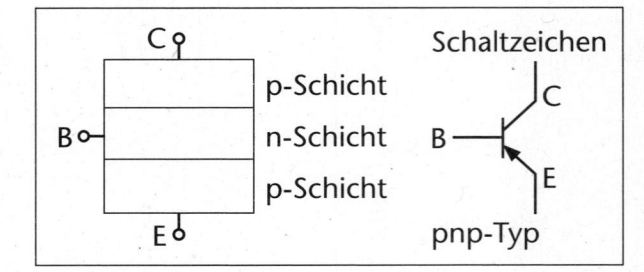

C: _____ B: _____ E: _____

2. Baue die Schaltungen nach. Pole die Spannungsquelle jeweils auch um:

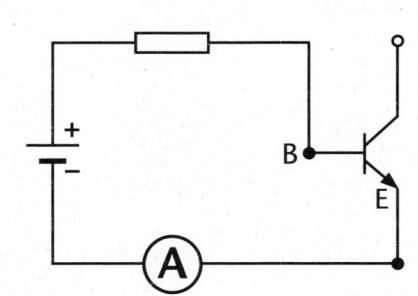

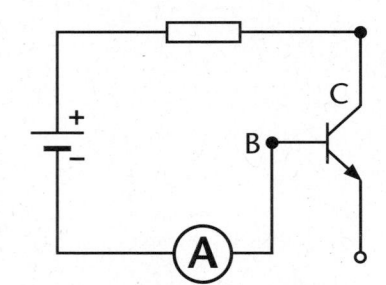

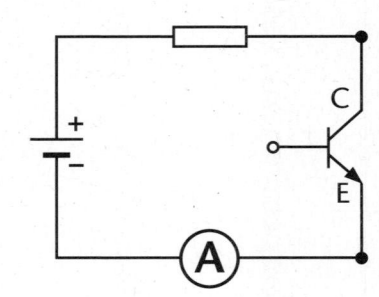

Ergänze die Tabelle:

Basis	Emitter	Strom	Basis	Kollektor	Strom	Emitter	Kollektor	Strom
+	−		+	−		+	−	
−	+		−	+		−	+	

Welcher elektrische Zusammenhang besteht zwischen den Anschlüssen eines Transistors?

_____

_____

_____

3. Betrachte die Schaltskizze.

Ergebnis: Fließt im Basiskreis Strom,

so kann auch _____

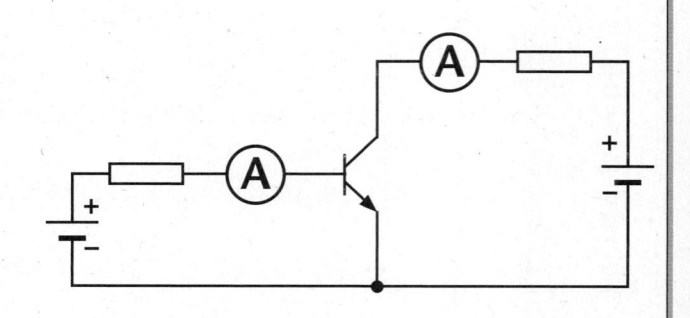

_____ .

Festwiderstand – Drehwiderstand – Fotowiderstand

1. Baue einen Stromkreis mit folgenden Teilen auf:
Batterie, Amperemeter, verschiedene Festwiderstände.
Miss die Stromstärken.

Spannung $U =$ _____ V

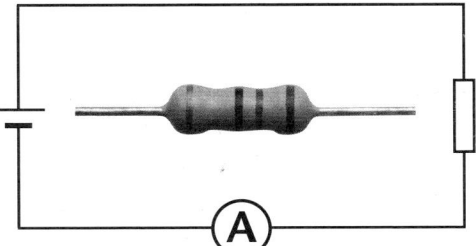

Widerstand R in Ω					
Stromstärke I in mA					

Je größer der Widerstand, umso _____.

Je kleiner der Widerstand, umso _____.

2. Bringe jetzt in den Stromkreis, den du gerade aufgebaut hast, einen Festwiderstand mit 100 Ω und einen Drehwiderstand mit dem Widerstand von 5 kΩ. Welchen Vorteil bringt ein regelbarer Widerstand?

Mit dem Drehwiderstand kann man die Stromstärke

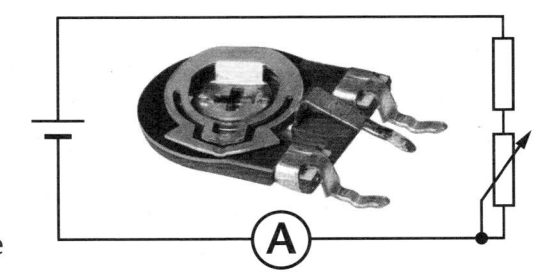

_____

_____.

3. Ersetze im Stromkreis nach Aufgabe 2 den Drehwiderstand durch einen Fotowiderstand (LDR). Beobachte das Amperemeter bei unterschiedlicher Beleuchtung.
(LDR = light dependent resistor)

Je stärker der Fotowiderstand beleuchtet wird,

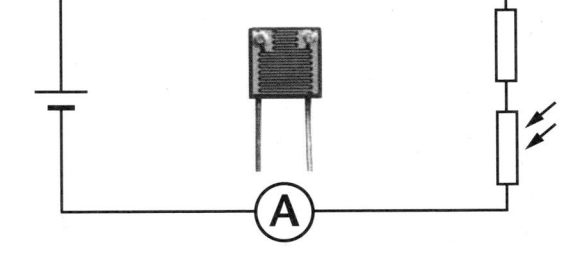

umso _____.

Drehwiderstand und Fotowiderstand kann man vergleichen.

Beim Drehwiderstand verändert sich der Widerstand _____

_____.

Beim Fotowiderstand verändert sich der Widerstandswert _____.

Viel Licht bewirkt, dass der Widerstandswert _____.

Wenig Licht bewirkt, dass der Widerstandswert _____.

Aufbau und Funktion des Kondensators

1. Ein wichtiges Bauelement in elektronischen Schaltungen ist der Kondensator. Es gibt z. B. Schichtkondensatoren, Drehkondensatoren und Elektrolytkondensatoren:

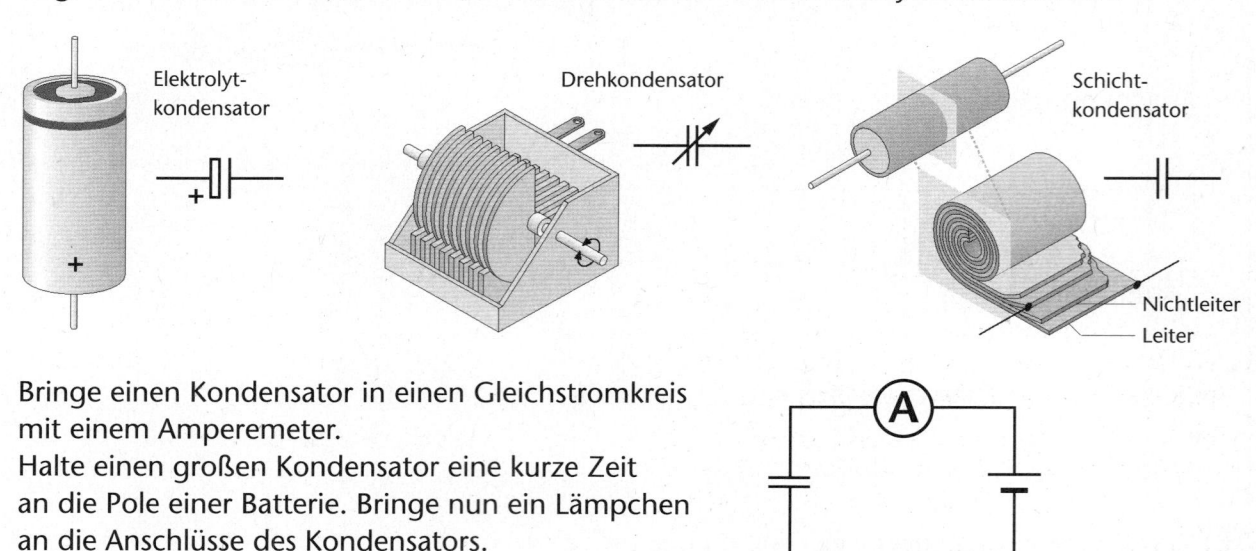

Elektrolytkondensator

Drehkondensator

Schichtkondensator

Nichtleiter
Leiter

Bringe einen Kondensator in einen Gleichstromkreis mit einem Amperemeter.
Halte einen großen Kondensator eine kurze Zeit an die Pole einer Batterie. Bringe nun ein Lämpchen an die Anschlüsse des Kondensators.

Ergebnis: Liegt ein Kondensator in einem Gleichstromkreis, dann fließt _____

_____ . Der Kondensator wird geladen. Ein Kondensator, der an einer Batterie

angeschlossen war, wirkt für kurze Zeit wie _____ .

2. Dieses Verhalten lässt sich erklären, wenn man einen Kondensator zerlegt. Jeder Kondenstor besteht aus zwei leitenden Flächen. Sie liegen einander gegenüber und sind voneinander isoliert.

Was beim Anlegen einer Spannung geschieht, zeigt die folgende Bildreihe:

ungeladener Kondensator — Gleichmäßige Verteilung der Elektronen auf beiden Flächen

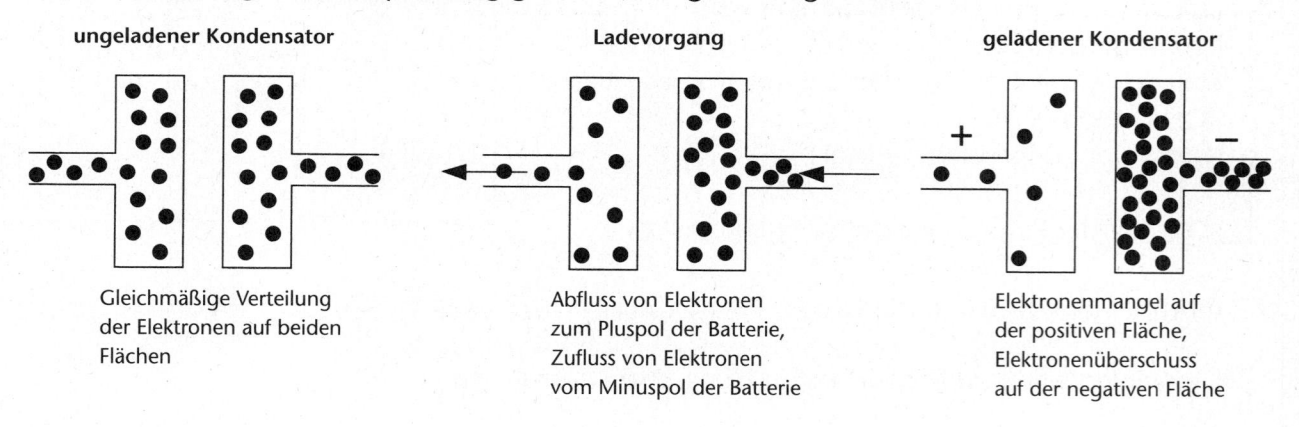

Ladevorgang — Abfluss von Elektronen zum Pluspol der Batterie, Zufluss von Elektronen vom Minuspol der Batterie

geladener Kondensator — Elektronenmangel auf der positiven Fläche, Elektronenüberschuss auf der negativen Fläche

3. Das Fassungsvermögen (die Kapazität) der Kondensatoren wird in Farad angegeben.
(MICHAEL FARADAY, englischer Physiker 1791–1867)
Kondensatoren mit einer Kapazität von 1 Farad findet man nur selten in elektronischen Schaltungen, sie sind zu groß.

In der Praxis verwendete Größen:
Picofarad (pF) = 10^{-12} F
Nanofarad (nF) = 10^{-9} F
Mikrofarad (µF) = 10^{-6} F
Millifarad (mF) = 10^{-3} F

Funktion der Diode

1. Male die Lampen, die leuchten, gelb an.

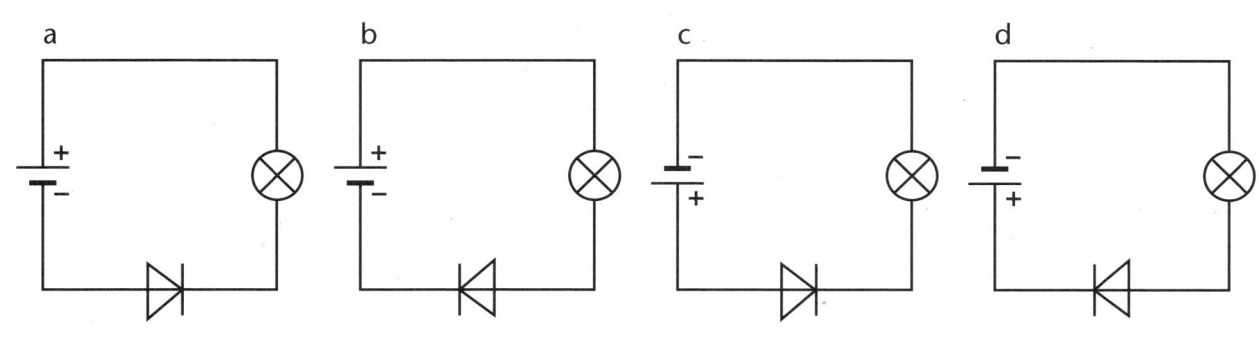

a   b   c   d

2. Ergänze in den Abbildungen rechts die Zeichen Plus und Minus an den richtigen Enden der Diode beim Sperren und beim Durchlassen.

Diode sperrt

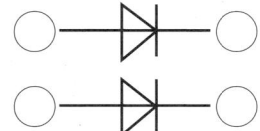

Diode lässt durch

3. Streiche die beiden falschen Begriffe durch:
Die beiden Anschlüsse einer Diode heißen Anode und Kathode. Liegt die Anode/Kathode in Richtung des Pluspols der Batterie, dann sperrt die Diode. Liegt die Anode/Kathode in Richtung des Pluspols der Batterie, dann lässt die Diode Strom durch, sie ist offen.

4. Man kann die Diode mit einem Ventil vergleichen. Sie ist ein elektrisches Ventil. Ergänze Plus und Minus.

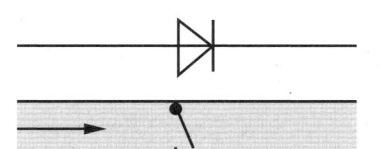

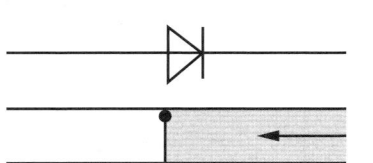

5. Auch Wechselstrom fließt nicht ungehindert durch eine Diode.

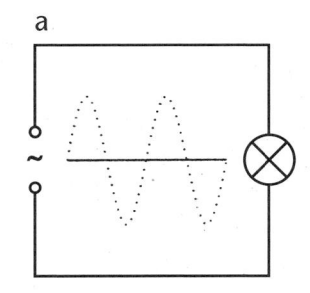

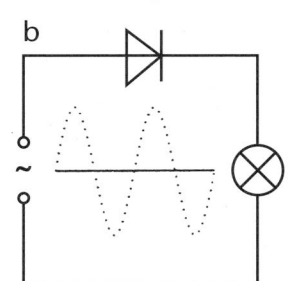

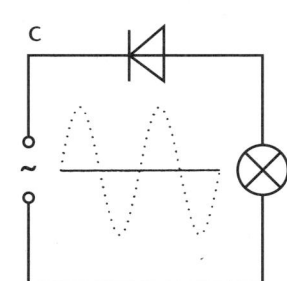

a   b   c

Zeiche mit dem Farbstift das richtige Oszilloskop-Bild dazu.

Beobachtungen: Versuch a: Die Lampe leuchtet hell/schwach/nicht.
                     Versuch b: Die Lampe leuchtet hell/schwach/nicht.
                     Versuch c: Die Lampe leuchtet hell/schwach/nicht.

Erklärung: Eine Diode im Wechselstromkreis lässt Strom nur _____ .

              In der anderen Richtung _____ .

              Es ensteht so _____

              _____ .

              Eine Diode wirkt darum als _____ .

Der Gleichrichter

1. Prüfe in Bild 1 nach, ob Strom fließt.

   a) Fließt in der Leitung 1 Strom? _____

   b) Fließt in der Leitung 2 Strom? _____

Bild 1

2. Erläutere, wieso in Bild 2, ganz gleichgültig wie die Polung ist, kein Stom fließt.

_____

_____

Bild 2

3. Ein Diode wird an Wechselstrom (50 Hz) angeschlossen. Trage in Bild 3 an den beiden Anschlüssen des Lämpchens die Polarität ein.

Bild 3

4. Skizziere in Bild 4 mit grüner Farbe den Spannungsverlauf zu Bild 3 ohne Kondensator.
Skizziere mit roter Farbe den Spannungsverlauf für den Fall, dass ein Kondensator parallel zum Lämpchen geschaltet wird.

Bild 4

5. In Bild 5 ist eine Brückengleichrichterschaltung dargestellt. Trage an den beiden Anschlüssen des Lämpchens die Polarität ein.

Bild 5

6. Skizziere in Bild 6 den Spannungsverlauf zu Bild 5 ohne Kondensator mit grüner, mit Kondensator mit roter Farbe.

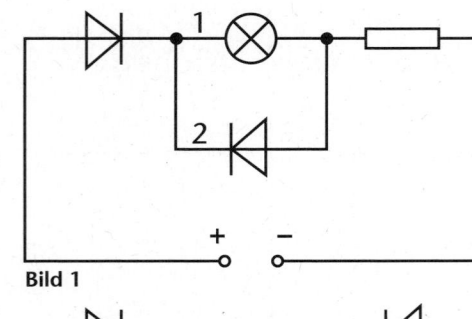

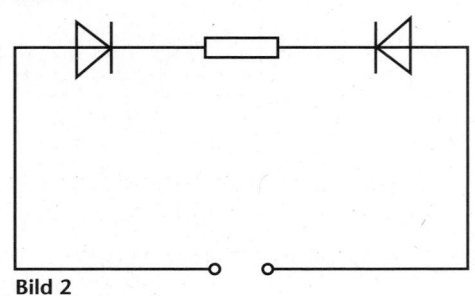

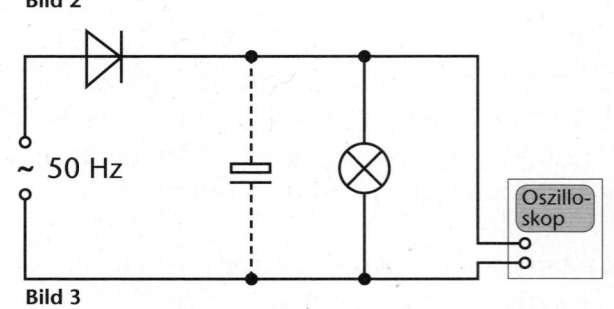

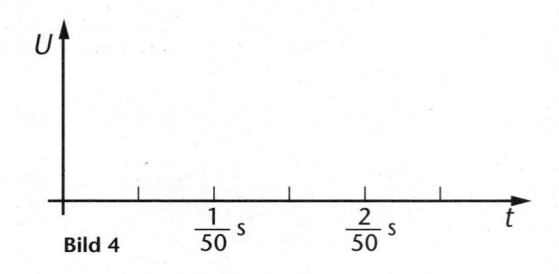

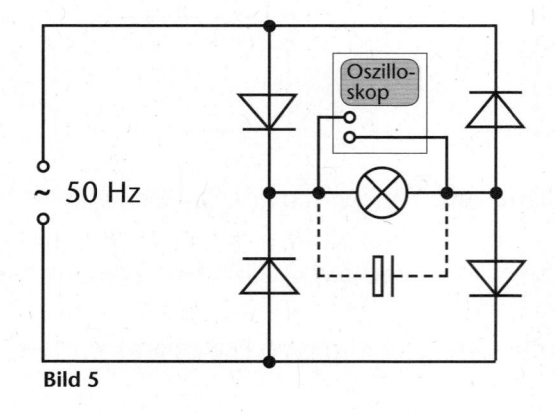

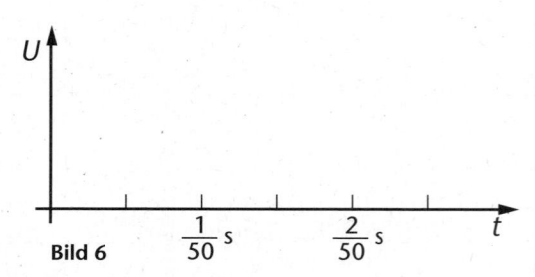

Bild 6

© Als Kopiervorlage freigegeben. Ernst Klett Verlag GmbH, Stuttgart 2006.

ISBN 3-12-113088-9

Wie funktioniert der Flipflop?

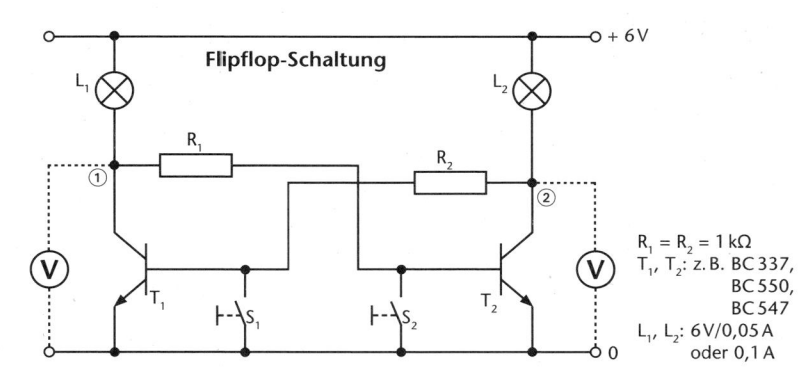

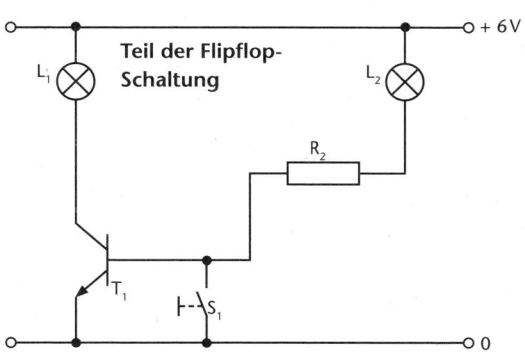

Flipflop-Schaltung

$R_1 = R_2 = 1\,k\Omega$
T_1, T_2: z. B. BC 337, BC 550, BC 547
L_1, L_2: 6V/0,05 A oder 0,1 A

Teil der Flipflop-Schaltung

1. Betrachte die Flipflop-Schaltung.
   a) Was wird passieren, wenn du auf den Taster S_2 drückst und wieder loslässt? _____

   b) Wie lange bleibt dieser Zustand erhalten? _____

2. Baue zunächst den rechts abgebildeten Teil der Schaltung auf.
   a) Du erkennst den Transistor als Schalter für eine Glühlampe.
      Zeichne den Steuerstromkreis grün und den Arbeitsstromkreis gelb ein.
   b) Welche Glühlampe wird leuchten? Begründe deine Antwort. Probiere es dann aus.

   c) Was passiert, wenn du auf S_1 drückst? Begründe deine Antwort. Probiere es dann aus.

3. Baue die vollständige Flipflop-Schaltung auf. Miss die Spannungen an den Messpunkten ① und ② (Minuspol des Voltmeters an 0). Drücke während der Messungen auf die Taster. Beschreibe dein Messergebnis. Erkläre, wie die beiden Schaltstufen sich gegenseitig schalten.

Wie funktioniert die Blinkschaltung?

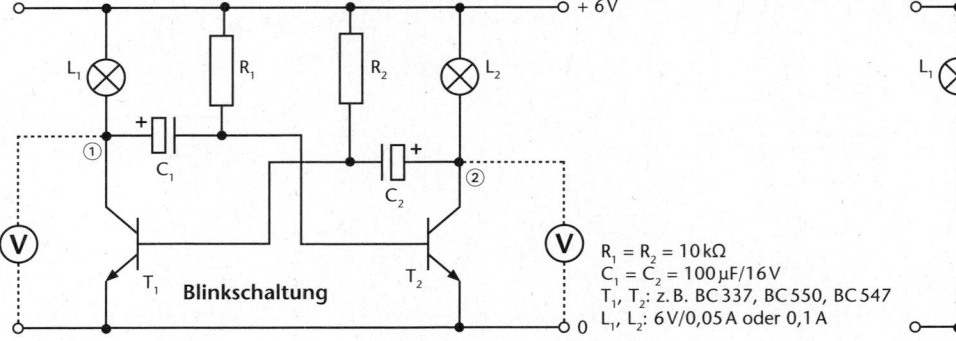

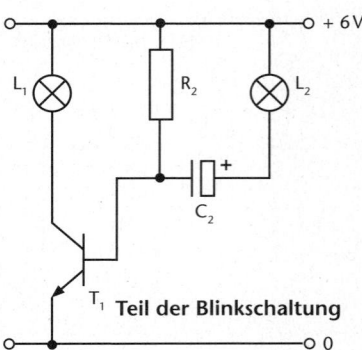

$R_1 = R_2 = 10\,k\Omega$
$C_1 = C_2 = 100\,\mu F/16\,V$
T_1, T_2: z. B. BC 337, BC 550, BC 547
L_1, L_2: 6 V/0,05 A oder 0,1 A

1. Vergleiche die Blinkschaltung mit der Flipflop-Schaltung. Wie unterscheiden sie sich?

2. Baue zunächst den rechts abgebildeten Teil der Schaltung auf.
  a) Zeichne den Steuerstromkreis grün und den Arbeitsstromkreis gelb ein.
  b) Welche Glühlampe wird leuchten? Begründe deine Antwort. Probiere es dann aus.

3. Baue die vollständige Blinkschaltung auf. Miss die Spannungen an den Messpunkten ① und ② (Minuspol des Voltmeters an 0. Verwende ein Zeigerinstrument!) Beschreibe deine Beobachtung.

4. a) Welche Aufgabe haben die Kondensatoren in der Blinkschaltung?

   b) Teste die Schaltung mit Kondensatoren anderer Kapazität. Was ändert sich?

Layout einer Streifenrasterplatine

Platinen werden nach einem genormten Raster gebohrt. Das bedeutet, dass die Abstände zwischen den Bohrungen 1/10 Zoll oder ganzzahlige Vielfache von 1/10 Zoll betragen. Die Anschlüsse der meisten Bauelemente passen in dieses Raster.

Rastermaße einiger Bauelemente (1 Rm = 1/10 Zoll = 2,54 mm):

Festwiderstände ¼ Watt

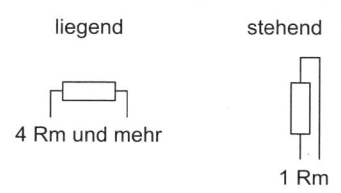

liegend: 4 Rm und mehr
stehend: 1 Rm

Trimmer (Drehwiderstände) aus der Serie PT

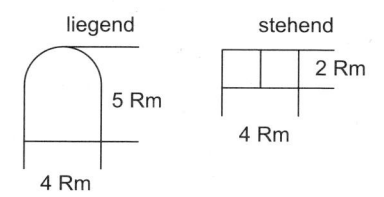

liegend: 5 Rm / 4 Rm
stehend: 2 Rm / 4 Rm

Keramikkondensatoren: 1 Rm und mehr

Kunststoffkondensatoren: 1 Rm und mehr

Elektrolytkondensatoren (Elkos)

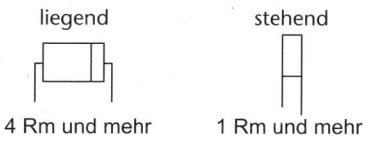

liegend: 4 Rm und mehr
stehend: 1 Rm und mehr

Leuchtdioden ⌀ 5 mm: 1 Rm

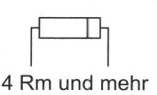

Dioden: 4 Rm und mehr

Universaltransistoren: 1 Rm / 2 Rm (C, B, E)

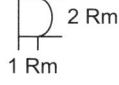

Schaltskizze eines Dämmerungsanzeigers:

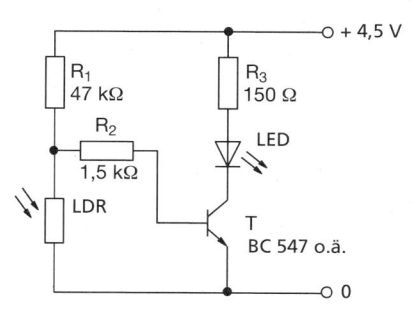

R_1 = 47 kΩ, R_2 = 1,5 kΩ, R_3 = 150 Ω, LDR, LED, T: BC 547 o.ä., +4,5 V / 0

Platinen-Layout der Bestückungsseite mit einer Streifenrasterplatine (Lochabstände waagerecht 1 Rm, senkrecht 2 Rm):

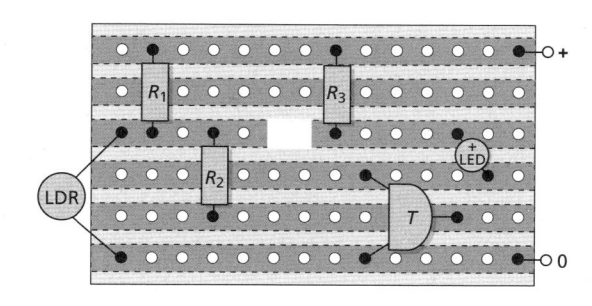

Schaltskizze eines Zeitschalters:

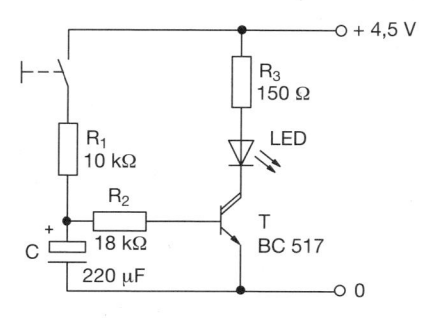

R_1 = 10 kΩ, R_2 = 18 kΩ, R_3 = 150 Ω, C = 220 µF, LED, T: BC 517, +4,5 V / 0

Entwickle für den Zeitschalter das Platinen-Layout der Bestückungsseite.

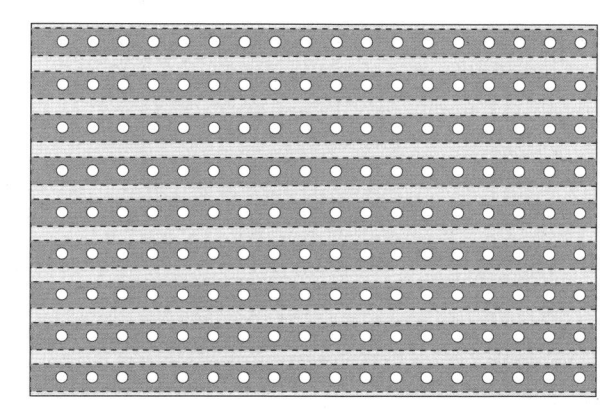

Layout einer Leiterbahnplatine

Platinen werden nach einem genormten Raster gebohrt. Das bedeutet, dass die Abstände zwischen den Bohrungen 1/10 Zoll oder ganzzahlige Vielfache von 1/10 Zoll betragen. Die Anschlüsse der meisten Bauelemente passen in dieses Raster.

Rastermaße einiger Bauelemente (1 Rm = 1/10 Zoll = 2,54 mm):

Festwiderstände ¼ Watt

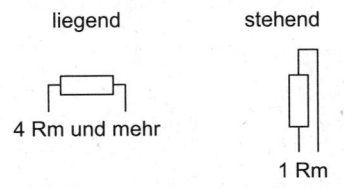

liegend: 4 Rm und mehr
stehend: 1 Rm

Trimmer (Drehwiderstände) aus der Serie PT

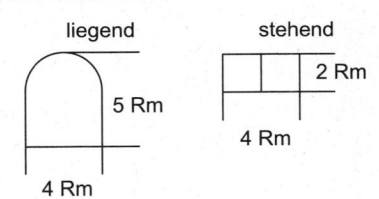

liegend: 5 Rm / 4 Rm
stehend: 2 Rm / 4 Rm

Keramikkondensatoren
1 Rm und mehr

Kunststoffkondensatoren
1 Rm und mehr

Elektrolytkondensatoren (Elkos)
liegend: 4 Rm und mehr
stehend: 1 Rm und mehr

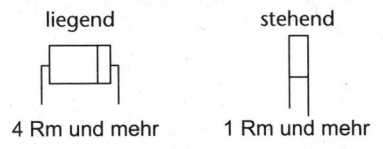

Leuchtdioden ⌀ 5 mm
1 Rm

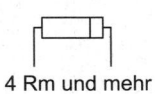

Dioden
4 Rm und mehr

Universaltransistoren
2 Rm / 1 Rm
C B E

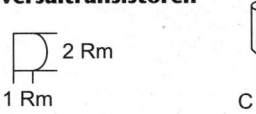

Schaltskizze eines Dämmerungsanzeigers:

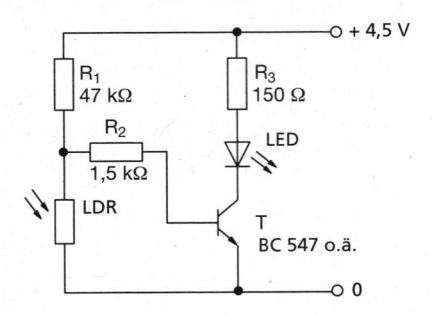

+ 4,5 V
R_1 47 kΩ
R_3 150 Ω
R_2 1,5 kΩ
LED
LDR
T BC 547 o.ä.
0

Platinen-Layout einer Leiterbahnplatine:

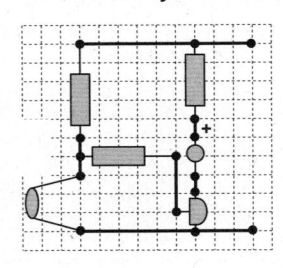

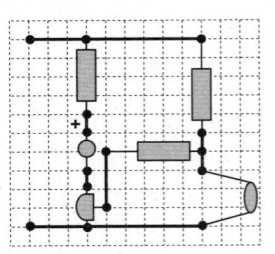

Schaltskizze eines Zeitschalters:

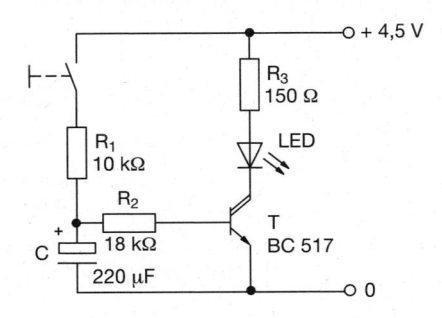

+ 4,5 V
R_3 150 Ω
R_1 10 kΩ
LED
R_2 18 kΩ
C 220 µF
T BC 517
0

Entwickle für den Zeitschalter das Platinen-Layout einer Leiterbahnplatine.

a) Zeichne zunächst die Bestückungsseite. Achte auf die Rastermaße und die rechtwinklige Anordnung der Leiterbahnen.

b) Übertrage die Zeichnung auf Transparentpapier und davon seitenverkehrt auf die Platine (mit dem Fotoverfahren oder mit Vorstecher und Filzstift). Klebe zum Schluss das Transparentpapier neben deine Zeichnung.

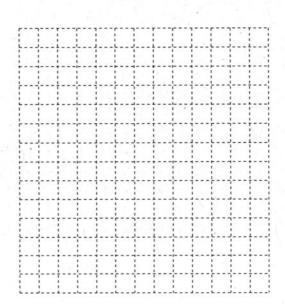

© Als Kopiervorlage freigegeben. Ernst Klett Verlag GmbH, Stuttgart 2006.

ISBN 3-12-113088-9

Schaltzeichen

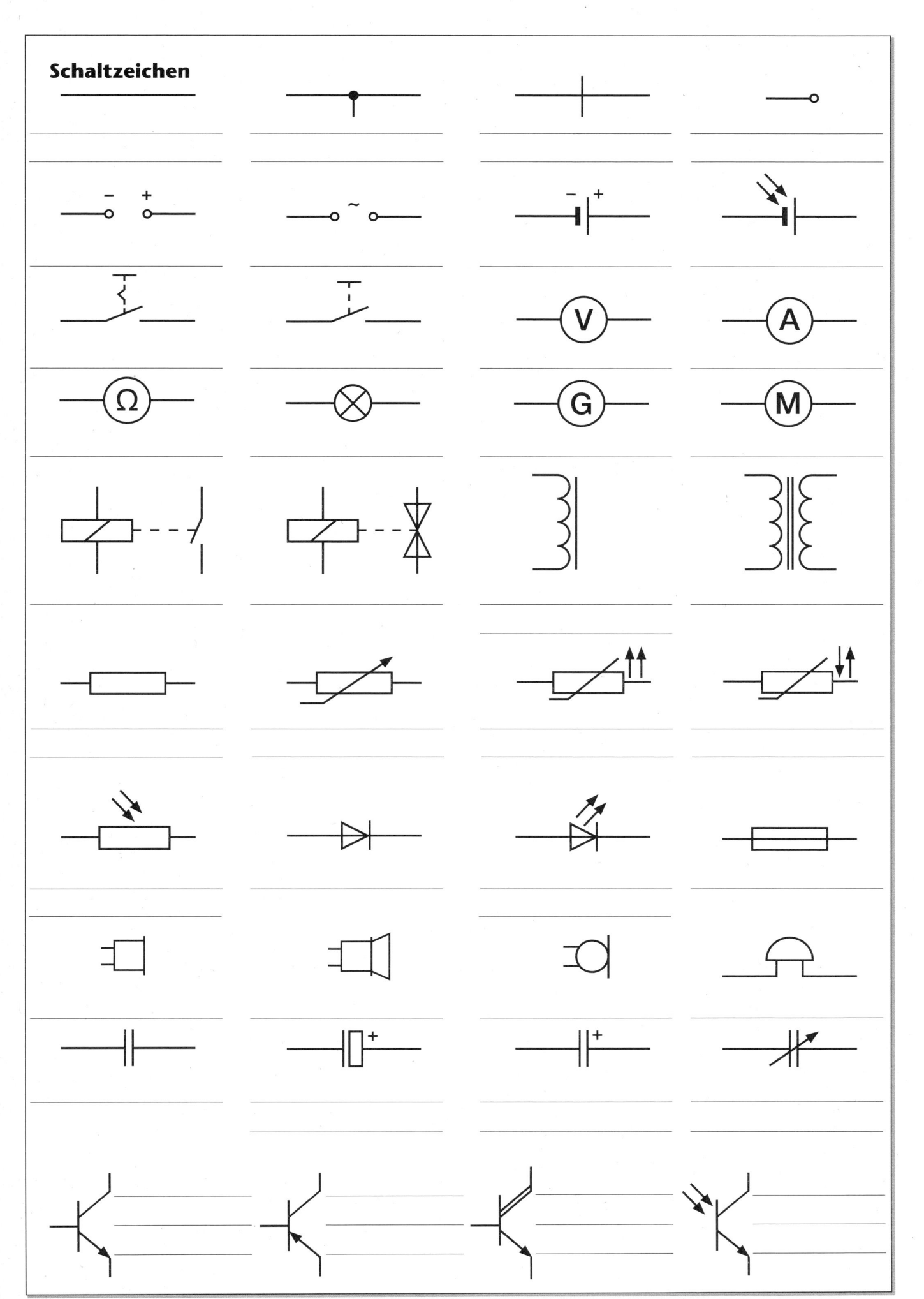

Lösungen

KV 1/5 Magnete – selbst hergestellt

1. Eisennagel: vor dem Bestreichen: 0 Nägelchen; nach dem Bestreichen: ca. 8 Nägelchen.
   Stahlnagel: vor dem Bestreichen: ca. 2 Nägelchen; nach dem Bestreichen: ca. 20 Nägelchen.
   Ergebnis: Eisen und Stahl lassen sich magnetisieren, Stahl stärker als Eisen.
2. Eisenbüroklammer: (+); dünner Kupferstab: (–); Papierstreifen: (–); Plastikbüroklammer: (–); Stricknadel: (+); Nähnadel: (+)
   Ergebnis: Nur Gegenstände aus Stahl oder Eisen lassen sich magnetisieren.
3. Schrauben haften am Schraubendreher.
4. An der Schere bleiben Nadeln hängen.

KV 1/6 Himmelsrichtungen

1. Es liegt daran, dass unsere Erde ein Magnet ist. Der Nordpol der Kompassnadel wird angezogen vom magnetischen Südpol der Erde.

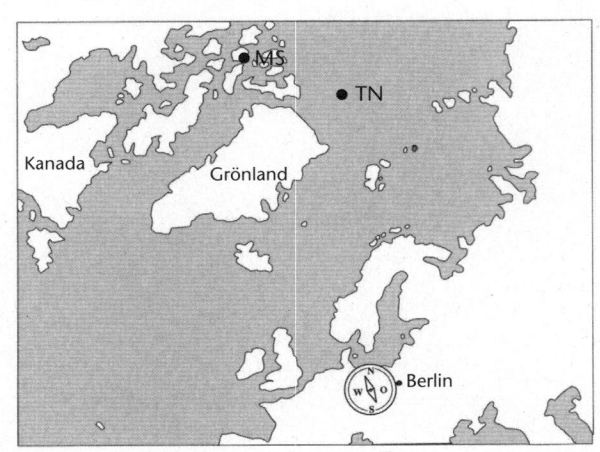

TN = true north
MS = magnetic south

KV 1/7 Mein Kompass

1. Beobachtung: Drehbewegung mit deutlicher Bremswirkung, Einpendeln in Nord-Süd-Richtung.
   Deutung: Das Erdmagnetfeld beeinflusst das magnetische Eisenblech.
2. Wenn gleichnamige Pole einander gegenüber stehen, erfolgt Abstoßung. Nur so können Pole zweifelsfrei bestimmt werden.
3. Beobachtung: Der Nordpol des magnetisierten Blechstreifens weist nach unten.
   Deutung: Die Feldlinien des Erdmagnetfeldes verlaufen nicht waagerecht.

KV 1/8 Magnetkraft auf Knopfdruck

Die Stärke des Elektromagneten hängt von der Spannung und Stromstärke sowie von der Windungszahl der Spule ab. Mit Eisenkern ist die Kraft wesentlich stärker als ohne Kern.

KV 1/9 Dauermagnet und Elektromagnet

1.

2.

	Elektromagnet	Dauermagnet
Zieht Gegenstände aus Eisen an	ja	ja
Hat einen Nordpol und einen Südpol	ja	ja
Es gilt die Polregel (gleichnamige Pole stoßen sich ab, ungleichnamige ziehen sich an	ja	ja
Die Magnetkraft wirkt im Raum um den Magneten	ja	ja
Man kann die Magnetkraft ein- und ausschalten	ja	nein
Man kann die Pole vertauschen	ja	nein

3. Der Schalter wird geschlossen. Die Spule mit Eisenkern wird zu einem Elektromagneten. Der Anker wird angezogen. Der Kontakt wird geschlossen. Die Lampe brennt. Der Schalter wird geöffnet. Die Spule mit Eisenkern wird unmagnetisch. Der Anker federt zurück. Der Kontakt wird unterbrochen. Die Lampe erlischt.

KV 1/10 Ein einfacher Elektromotor

1. Der Magnet macht eine halbe Umdrehung und bleibt dann stehen.
2. Gleichnamige Pole stoßen sich ab.
3. Weil sich ungleichnamige Pole anziehen.
4. Der Schwung der ersten halben Umdrehung genügt, um eine volle Umdrehung zu ermöglichen. Wenn man richtig reagiert, dreht sich der Magnet nun mehrfach um seine Achse.
5. Der Taster kann nicht so schnell wie erforderlich betätigt werden.

KV 1/11 Ein Motor – zwei Ideen I

2. **A** Nebenschlussmotor: Rotor und Stator sind parallel geschaltet.
   Weg der Elektronen im Rotor-Stromkreis:
   Minuspol – Schleifkontakt (Bürste) – Polwender (Kommutator) – Rotor-Spule – Polwender (Kommutator) – Schleifkontakt (Bürste) – Pluspol
   Weg der Elektronen im Stator-Stromkreis:
   Minuspol – Stator-Spule – Pluspol
   B Hauptschlussmotor: Rotor und Stator sind in Reihe geschaltet.
   Weg der Elektronen:
   Minuspol – Schleifkontakt (Bürste) – Polwender (Kommutator) – Rotor-Spule – Polwender (Kommutator) – Schleifkontakt (Bürste) – Stator-Spule – Pluspol

ISBN 3-12-113088-9

Lösungen

KV 1/12 Ein Motor – zwei Ideen II

A Name: Nebenschlussmotor (Rotor und Stator parallel geschaltet) Beispiel: Walkman

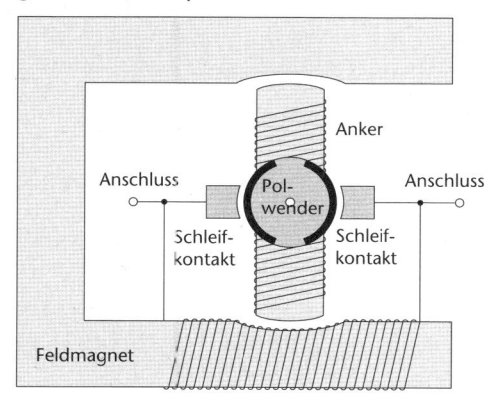

B Name: Hauptschlussmotor (Rotor und Stator in Reihe geschaltet) Beispiel: Elektrolokomotive

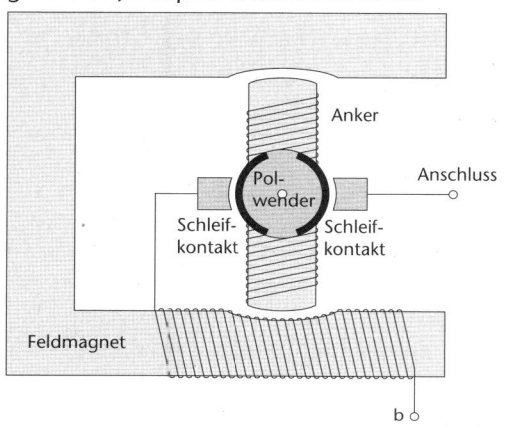

KV 1/13 Die Induktion im Test

1. Der Eisenkern verstärkt das Magnetfeld.
2. a) 1. Reihe: C, D, E; 2. Reihe: A, F
   b) Beim Schließen des Schalters baut sich in der zweiten Spule ein Magnetfeld auf. Das Messgerät an der ersten Spule schlägt kurz aus, weil während der Veränderung (Aufbau) des Magnetfeldes eine Spannung induziert wird.

KV 1/14 Versuch mit einem Kohlekörnermikrofon

1. Die Membran wird vom Schalldruck (mit dem Finger) schwach nach innen gedrückt.
2. Der Zeiger des Amperemeters schlägt schwach aus.
3. Grund: Der Widerstand der Kohlekörner sinkt, die Stromstärke steigt.
4. Die elastische Membran federt zurück. Der Widerstand steigt stark, die Stromstärke sinkt stark.
5. Die Membran wird vom Schalldruck (mit dem Finger) stark nach innen gedrückt.
6. Der Zeiger des Amperemeters schlägt stark aus.
7. Grund: Der Widerstand der Kohlekörner sinkt stark, die Stromstärke steigt stark.
8. Ein Ton mit der Frequenz 100 Hz bewirkt 100 Stromimpulse pro Sekunde im Stromkreis. Die Membran eines Hörers, der die Stelle des Amperemeters einnimmt, schwingt im gleichen Rhythmus mit.

KV 1/14 Versuch mit einem Tauchspulenmikrofon

1. Die Membran wird durch den Schalldruck (mit dem Finger) nach innen gedrückt.
2. Der Leuchtpunkt auf dem Bildschirm schwingt nach oben oder unten, der Zeiger schlägt nach einer Seite aus.
3. Grund: Die Schwingspule hat im Magnetfeld Spannung/Strom induziert.
4. Die elastische Membran mit der Tauchspule schwingt durch den nachlassenden Schalldruck (Fingerdruck) zurück.
5. Der Leuchtpunkt oder Zeiger schlägt in die Gegenrichtung aus.
6. Grund: Ändert sich die Bewegungsrichtung der Spule, so ändert sich auch die Richtung (Polung) des Induktionsstromes.
7. Ein Tauchspulenmikrofon erzeugt Wechselstrom im Rhythmus der Schallquelle.

KV 1/15 Der Generator

1. Der Zeiger pendelt hin und her.
3. 1. Spule, 2. Magnet
   Die Spannung, die ein Generator liefert, kann durch einen Eisenkern in der Spule verstärkt werden. Verwendet man eine Spule mit hoher Windungszahl und einem starken Magneten, so kann der elektrische Strom nicht nur mit einem Messgerät, sondern auch mit einer Glühlampe nachgewiesen werden. Die Spannung eines Generators ist umso größer, je stärker der Magnet ist, je größer die Windungszahl der Spulen ist und je schneller die Spule im Magnetfeld bewegt wird. Im Generator wird Bewegungsenergie in elektrische Energie umgewandelt.

KV 1/16 Der Transformator

1. Spielzeuge, Walkman, Klingel
   1. Feld(Primär)-Spule, 2. Induktions(Sekundär)-Spule, 3. Weicheisenkern, 4. Joch
2. Wechselspannung an der Primärspule, gemeinsamer Weicheisenkern
3. $U_P : U_S = N_P : N_S$

KV 1/17 Messungen am Transformator

1. a) Die Sekundärspule hat weniger Windungen als die Primärspule. Die Sekundärspannung wird folglich kleiner sein als die Primärspannung.
   b) Die Sekundärspule hat mehr Windungen als die Primärspule. Die Sekundärspannung wird folglich größer sein als die Primärspannung.
2. Der Transformator wandelt einen kleinen Teil der elektrischen Energie in Wärme um. Deshalb sind die gemessenen Werte etwas kleiner als die berechneten.
3. Soll die Spannung durch einen Transformator erhöht werden, muss die Sekundärspule mehr Windungen haben als die Primärspule. Die Stromstärke wird dabei kleiner. Soll die Spannung herabgesetzt werden, muss die Sekundärspule weniger Windungen haben als die Primärspule. Die Stromstärke wird größer.
4. Die elektrische Leistung ist im Primärstromkreis und im Sekundärstromkreis fast gleich.

ISBN 3-12-113088-9

KV 1/18 Berechnungen am Transformator

1.

Primärstromkreis				Sekundärstromkreis			
Windungen N_p	Spannung U_p	Stromstärke I_p	Leistung P_p	Windungen N_s	Spannung U_s	Stromstärke I_s	Leistung P_s
1200	12 V	0,5 A	6 W	600	6 V	1 A	6 W
1200	12 V	0,05 A	0,6 W	300	3 V	0,2 A	0,6 W
600	12 V	8 A	96 W	1200	24 V	4 A	96 W
300	12 V	1 A	12 W	1200	48 V	0,25 A	12 W
600	230 V	1 A	230 W	6	2,3 V	100 A	230 W
1200	16 V	2 A	32 W	75	1 V	32 A	32 W
75	3 V	16 A	48 W	1200	48 V	1 A	48 W

2. Die berechnete Leistung im Primär- und Sekundärstromkreis ist gleich. $P_p = P_s$

KV 2/19 Der Wochen-Stress-Test

2. Spaziergänge, ruhige Musik, Entspannungsübungen, Schlaf, frische Luft

KV 2/21 Alkohol

1. Als Gründe für Alkoholkonsum werden z. B. angegeben:
- Ich trinke, damit ich in Stimmung komme.
- Am Wochenende muss ich mal vom Schulstress abschalten.
- Der hat genervt; heute Abend trinke ich ihn untern Tisch.
- Meine Mitschüler trinken alle.
- Die Erwachsenen trinken auch.
- Ich halte sonst die Trennung von meiner Freundin nicht aus.
- Alkohol wirkt auf mich entspannend.

2. Wirkliche Gründe können z. B. sein:
- Es wird mitgetrunken, um nicht als Außenseiter dazustehen und zur Clique zu gehören.
- Er „flüchtet sich in Alkohol", da er nicht fähig ist, mit Stress umzugehen.
- Sie trinkt, um ein vorhandenes Problem zu vergessen, da sie zur Problemlösung nicht in der Lage ist bzw. sich nicht darum bemühen will.

KV 2/22 Salmonellose

1. A Bei höheren Temperaturen steigt die Teilungsrate der Salmonellen und es werden viele gesundheitsschädliche Giftstoffe gebildet. Bei niedriger Temperatur wird die Teilung nur verlangsamt. Auch hier werden Giftstoffe gebildet. Deshalb sollten Speisen, die Salmonellen enthalten könnten, weder bei höheren Temperaturen noch zu lange aufbewahrt werden.

B Werden frische Speisen mindestens 10 Minuten bei über 70 °C erhitzt, ist eine Infektion mit Salmonellen ausgeschlossen.

C Haben sich in Speisen bereits Salmonellen vermehrt und Toxine gebildet, sind sie auch nach Erhitzen bzw. Gefrieren nicht mehr für den Verzehr geeignet.

2. Beispielsweise in Hackfleisch, Geflügel- und Eiersalat sowie eihaltiger Majonäse haben sich bei sommerlichen Temperaturen vorhandene Erreger stark vermehrt und Giftstoffe gebildet.

KV 2/23 Rund ums Sauerkraut

1. a) Einsatzmöglichkeiten während des Unterrichts als Wechsel der Arbeitsform, aber auch am Computer (Tabelle in Schaubild umwandeln lassen). Letzteres auch als Hausaufgabe möglich. Niedrige Zahlenwerte zusammenfassen, wenn von Hand gezeichnet wird.

b) Bei 100 % = 20 cm ergibt 1 % nur 2 mm. Fett ist mit 0,2 % dann nicht mehr zeichnerisch darstellbar (ca. 0,5 mm im Blockdiagramm).

c) Zucker wird von Milchsäurebakterien vergoren. Durch den steigenden Milchsäuregehalt kommt es zur Hemmung der Lebenstätigkeit der Bakterien, deshalb bleibt etwas Restzucker im Sauerkraut übrig. Auch die Ballaststoffe nehmen ab, da auch etwas Zellulose verdaut wird, evtl. von anderen Bakteriengruppen, die auf dem Weißkohl vorhanden waren.

2. Es lässt sich eine Stufenleiter des Säuregehalts aufstellen. Vergleichswert: pH-Wert von Trinkwasser ist 7,0.

3. Konservierung der Nahrungsmittel, Verbesserung in Geschmack und gesundheitlicher Verträglichkeit, Vitamine werden geschont, milchsäurehaltige Nahrungsmittel können auch als Heildiät eingesetzt werden, z. B. zur Symbioselenkung der Darmflora.

KV 2/24 Viren lassen sich vermehren

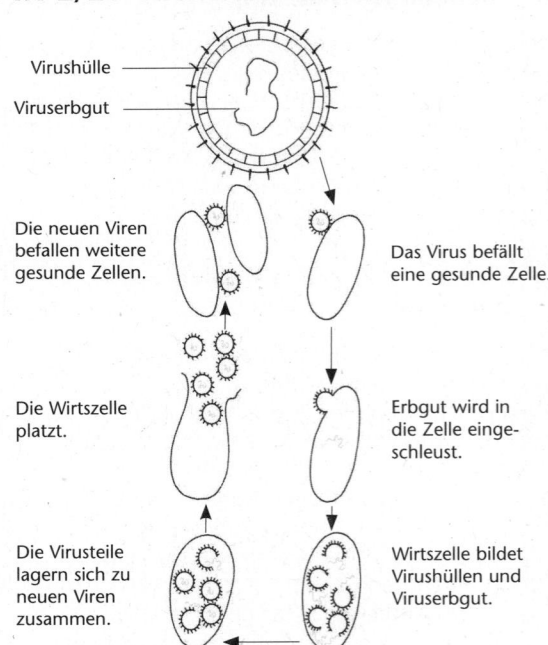

- Virushülle
- Viruserbgut
- Das Virus befällt eine gesunde Zelle.
- Erbgut wird in die Zelle eingeschleust.
- Wirtszelle bildet Virushüllen und Viruserbgut.
- Die Virusteile lagern sich zu neuen Viren zusammen.
- Die Wirtszelle platzt.
- Die neuen Viren befallen weitere gesunde Zellen.

Lösungen

KV 2/25 Der Körper wehrt sich

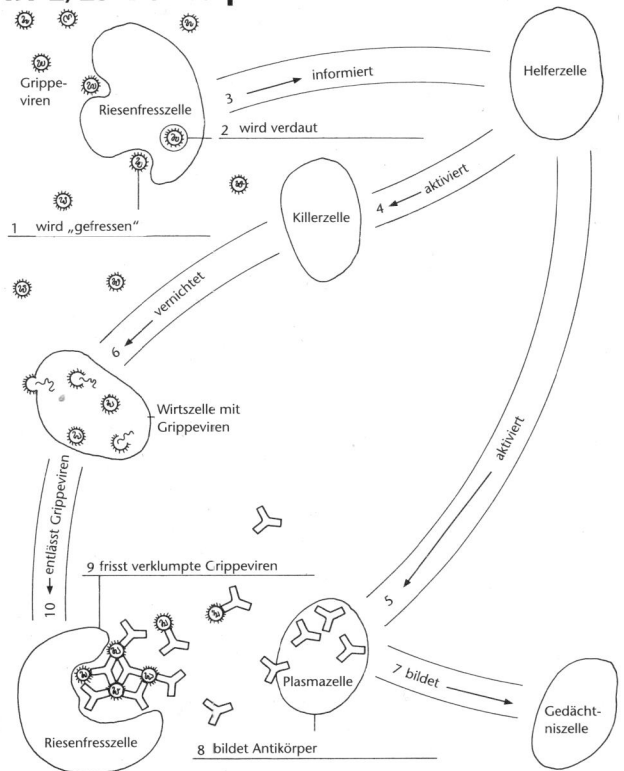

Beschriftungen am Diagramm:
- Grippeviren
- Riesenfresszelle
- 1 wird „gefressen"
- 2 wird verdaut
- 3 informiert
- Helferzelle
- 4 aktiviert
- Killerzelle
- 6 vernichtet
- Wirtszelle mit Grippeviren
- 10 entlässt Grippeviren
- 9 frisst verklumpte Grippeviren
- Riesenfresszelle
- 5 aktiviert
- Plasmazelle
- 7 bildet
- Gedächtniszelle
- 8 bildet Antikörper

KV 2/26 Aktive und passive Immunisierung

1. Zuordnung von Text und Bild:
   - 4 – Infektion: Sofort Bildung von Antikörpern, die die Erreger unschädlich machen
   - 1 – Impfung mit abgeschwächten Krankheitserregern
   - 8 – Bildung von Gedächtniszellen, dauerhafter Impfschutz
   - 6 – Bekämpfung mit eingeimpften Antikörpern; kein dauerhafter Impfschutz
   - 3 – Abgeschwächte Krankheitserreger werden eingespritzt
   - 5 – Infektion: Die Krankheitserreger vermehren sich; die Krankheit bricht aus
   - 2 – Bildung von Antikörpern; Erreger werden unschädlich gemacht
   - 7 – Blut mit Antikörpern wird entnommen und zu Impfserum verarbeitet

2. Reihenfolge:
   - 1, 2, 8, 4 (Schutzimpfung)
   - 3, 7, 5, 6 (Heilimpfung)

KV 2/28 Schutz vor einer HIV-Infektion

1. Risikoarm: (1) da über Insekten HIV nicht übertragen wird, (3) da kein Kontakt mit infizierter Körperflüssigkeit, (4) da Speichel kaum HI-Viren enthält, (5) da in der Regel kein Kontakt mit Blut (außer z. B. nach Zahnziehen), (6) da Kondome bei richtiger Anwendung sichere Barriere für Samenflüssigkeit bzw. Scheidenabsonderungen sind, (7) da HIV im Wasser seine Infektiosität verliert, (9) da hier kein Kontakt mit infizierten Körperflüssigkeiten, (10) da hier kein Kontakt mit infizierten Körperflüssigkeiten, (12) kein Risiko, da medizinische Handschuhe eine wirksame Barriere für Blut bilden.

Hohes Risiko: (2) da HIV im Sperma bzw. Scheidenabsonderungen enthalten sein kann und die Möglichkeit der Übertragung über kleine Schleimhautverletzungen besteht, (8) da an Spritzen Reste von infiziertem Blut vorhanden sein können, die bei Injektion in den Körper gelangen, (11) da Kontakt mit infiziertem Blut möglich ist.

2. Es besteht für alle Personen durch risikoreiches Verhalten (Fixen, Sexualpraktiken mit Verletzungsgefahr, Geschlechtsverkehr ohne Kondom, ungeschützte Versorgung offener Wunden) Infektionsgefahr. Infizierte, können in der Inkubationszeit andere Personen unwissentlich anstecken. Ist die Krankheit ausgebrochen, gibt es derzeit keine Heilung; die Krankheit führt zum Tod.

KV 3/29 Gleichförmige Bewegung

1. a)

Zeit t	Weg s	Geschw. v
1 s	7,5 m	7,5 m/s
2 s	15,0 m	7,5 m/s
3 s	22,5 m	7,5 m/s
4 s	30,0 m	7,5 m/s
5 s	37,5 m	7,5 m/s
6 s	45,0 m	7,5 m/s
7 s	52,5 m	7,5 m/s
8 s	60,0 m	7,5 m/s

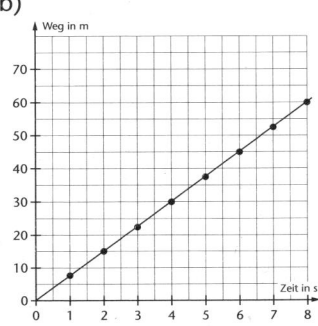

b) Weg-Zeit-Diagramm (lineare Gerade durch Ursprung)

2. Gleichförmige Bewegung liegt vor, wenn in gleichen Zeiten gleiche Wegstrecken zurückgelegt werden. Gleichförmige Bewegung liegt vor, wenn die Geschwindigkeit konstant bleibt.

3. $v = \dfrac{s}{t}$

a) 2,5 km = 2500 m 150 s = 2,5 min
   18 s = 0,3 min 400 m = 0,4 km
   2 min = 120 s 1 h = 3600 s
   0,075 km = 75 m 0,1 min = 6 s
   2,5 h = 150 min = 9000 s

b) 1 m/s = 3,6 km/h 144 m/s = 518,4 km/h
   72 km/h = 20 m/s 25 m/s = 90 km/h
   162 km/h = 45 m/s 60 m/s = 216 km/h

KV 3/30 Das Weg-Zeit-Diagramm

1.

Lokführer (A)	Rennradfahrer (B)	Wanderer (C)	Ruderer (D)
20 m in 1 s	15 m in 1 s	10 m in 5 s	20 m in 4 s
40 m in 2 s	30 m in 2 s	20 m in 10 s	25 m in 5 s
60 m in 3 s	60 m in 4 s	30 m in 15 s	35 m in 7 s
v = 20 m/s	v = 15 m/s	v = 2 m/s	v = 5 m/s

Lösungen

2.

Je steiler die Gerade im Diagramm ist, desto größer ist die Geschwindigkeit. Je flacher die Gerade im Diagramm ist, desto kleiner ist die Geschwindigkeit.
3 s: 15 m, 4 s: 20 m, 6 s: 30 m, 1 s: 5 m
Nach 5 Sekunden wird Fahrzeug E schneller.

3. Die Geschwindigkeit zwischen
- A und B beträgt $v = 33{,}3$ km/h
- B und C beträgt $v = 0$ km/h
- C und D beträgt $v = 75$ km/h

	(1)	(2)
v	68 km/h	60 km/h
s nach 2,5 h	170 km	150 km
t für 100 km	1,5 h	1,7 h

KV 3/31 Ungleichförmige Bewegung und Momentangeschwindigkeit

1. Die Tachometernadel bewegt sich.
Ein Autofahrer bremst.
Kurvenfahrt mit konstanter Geschwindigkeit.
Ein Apfel fällt vom Baum.

2. a) Die Ziehkraft und damit die Beschleunigung wird größer.
b) Je größer die Masse wird, desto kleiner wird die Beschleunigung.

3. Durchschnittsgeschwindigkeit: $v = 2$ m/s
Die Geschwindigkeit in einem bestimmten Augenblick heißt Momentangeschwindigkeit.
Die Momentangeschwindigkeit ist im Zeitabschnitt (1) kleiner als die Durchschnittsgeschwindigkeit und im Zeitabschnitt (2) größer.

4. Man teilt einen zurückgelegten Weg durch die dafür benötigte Zeit.
Gleichförmige Bewegung:
Momentangeschwindigkeit = Durchschnittsgeschwindigkeit
Beschleunigte Bewegung:
Die Momentangeschwindigkeit wird größer.

KV 3/32 Die Beschleunigung im Diagramm

1. a)

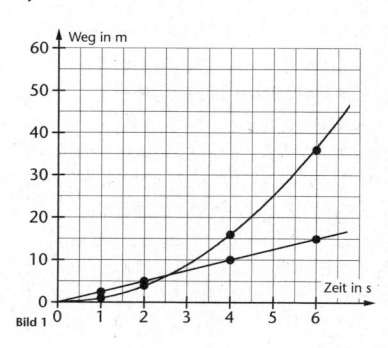

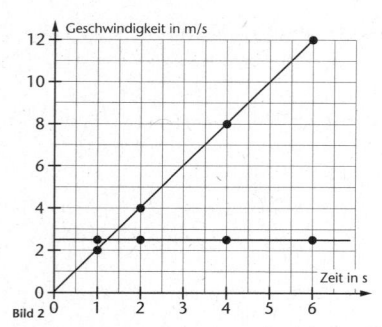

b) Der Weg nimmt für die gleichförmige Bewegung linear und für die beschleunigte Bewegung quadratisch zu. Die Geschwindigkeit bleibt gleich bzw. nimmt linear zu.

2. Geschwindigkeits-Zeit-Diagramm
gleichförmig: B-C, D-E, F-G
beschleunigt: A-B, E-F, J-K
verzögert: C-D, G-H
überhaupt nicht: H-J

KV 3/33 Das Newton'sche Kraftgesetz

1. linke Tabelle: 1,0 – 2,0 – 3,0 – 4,0 – 5,0
rechte Tabelle: 2,0 – 1,3 – 1,0 – 0,8 – 0,7

2. $F = 8$ kg $\cdot$ m/s^2 = 8 N; $F = 8$ kg $\cdot$ m/s^2 = 8 N;
$F = 1$ kg $\cdot$ m/s^2 = 1 N

3. 3 – 4 – 2 – 1

KV 3/34 Das Weg-Zeit-Gesetz und der freie Fall

1. a) $v_{End} = 24$ m/s; $s = 144$ m
b) $v_{End} = 78$ m/s; $s = 585$ m

2.

a	2,4 m/s²	1,8 m/s²	3,2 m/s²	2 m/s²	1,5 m/s²	2,96 m/s²	2,4 m/s²
t	8 s	9,4 s	4 s	4,5 s	8 s	9,4 s	11,57 s
v_{End}	19,2 m/s	16,92 m/s	12,8 m/s	9 m/s	43,2 km/h	100 km/h	100 km/h
s	76,8 m	79,5 m	25,6 m	20,25 m	48 m	130,8 m	160,8 m

3.

Fallstrecke s	2000 m	100,7 m	6357 m	254 m	279 m	1589 m
Endgeschw. v_{End}	713 km/h	160 km/h	353 m/s	70,6 m/s	74 m/s	176,6 m/s
Zeit t	20,2 s	4,53 s	36 s	7,2 s	7,54 s	18 s

KV 3/35 Die mechanische Leistung

1. Arbeiter A benötigt für die Arbeit weniger Zeit und vollbringt damit eine höhere Leistung. Je kürzer die Zeit, desto höher ist die Leistung.

2. Arbeiter A:
Arbeit = Kraft · Weg = 400 N · 3 m = 1200 Nm
= 1200 Joule
Leistung = Arbeit/Zeit = 1200 Joule/8 Sekunden
= 150 Joule/Sekunde = 150 Watt
Arbeiter B:
Die Arbeit ist gleich wie bei A: 1200 Joule
Leistung = Arbeit/Zeit = 1200 Joule/10 Sekunden
= 120 Joule/Sekunde = 120 Watt
Ergebnis: Arbeiter A hat mehr als Arbeiter B geleistet.

3. Merke: Leistung = Arbeit/Zeit; $P = W/t$;
1 Watt = 1 Joule/1 Sekunde

4. Die Leistungen von Maschinen werden in Watt oder Kilowatt angegeben.

KV 3/36 Die elektrische Leistung

1. Die Leistung wurde früher bei Autos in PS angegeben. Heute wird die Leistung überall nur noch in Watt oder Kilowatt angegeben.

ISBN 3-12-113088-9

Lösungen

1 kW = 1000 W.
Fahrzeugtyp: z. B. VW Polo. Leistung: 33 kW = 45 PS
2. Die Glühlampe mit 100 W.
3. Wenn Geräte nach ihrer Wattzahl verglichen werden, bedeutet eine höhere Wattzahl eine höhere Leistung.
Glühlampe: größere Helligkeit
Radiorekorder: größere Lautstärke
Tauchsieder: kürzere Zeit zum Erwärmen des Wassers
Motor: kräftiger, schnellere Arbeit
Föhn: heißer
Heizlüfter: kürzere Zeit zur Erwärmung des Raumes

4.

Stromstärke I	Leistung P	Masse m	Zeit t	Höhe s
10 A	2300 W	100 kg	10 s	23 m
0,5 A	115 W	11,5 kg	10 s	10 m

KV 3/37 Leistung und Arbeit

$P = U \cdot I$ $U = \dfrac{P}{I}$ $I = \dfrac{P}{U}$

$W = \dfrac{P}{t}$ $P = W \cdot t$ $t = \dfrac{P}{W}$

$W = F \cdot s$ $F = \dfrac{W}{s}$ $s = \dfrac{W}{F}$

U in V	I in A	P in W	F in N	s in m	t in s	W in J
12	2	24	20	12	10	240
12	5	60	10	15	2,5	150
12	1,5	18	6	3	1	18
12	3	36	10	1,8	0,5	18
12	2,5	30	20	1,5	1	30

KV 3/38 Energieumwandlungen

1. a) Höhenenergie – Bewegungsenergie – Spannenergie – Bewegungsenergie – Höhenenergie – Bewegungsenergie – …
   b) Spannenergie – Bewegungsenergie – Höhenenergie – Bewegungsenergie
2. Kugellager verwenden, Lager ölen oder einfetten.
3. Das schwere Gewicht erreicht beim Zurückschwingen die Glasscheibe nicht mehr, weil durch die Reibung zwischen Gewicht und Luft ein Teil der Bewegungsenergie in andere Energieformen umgewandelt worden ist. Das Gewicht darf allerdings nur losgelassen und nicht zusätzlich beschleunigt werden.

KV 3/39 Kohle – Energieträger und Rohstoff

1. Aus den abgestorbenen Pflanzen bildet sich unter Mitwirkung anaerober Bakterien Torf, der unter Sedimenten begraben wird. Deren Druck und die dadurch entstehende Wärme führt zur Verfestigung des Torfs zur Braunkohle. Durch starken tektonischen Druck und erhöhte Temperatur bildet sich Steinkohle.
2. a) Je höher der Kohlenstoffanteil des Brennstoffs ist, desto höher ist sein Heizwert.
   b) Der Kohlenstoffanteil der Braunkohle beträgt nur 70 %, man würde also 30 % nutzloses Material transportieren.
3. a) Erhitzen von Kohle unter Luftabschluss auf etwa 1000 °C (trockene Destillation).
   b) Man erhält Koks, der bei der Eisengewinnung im Hochofen und als Brennmaterial verwendet wird.

KV 3/40 Der Ottomotor

1. Die ersten Ottomotoren wurden ortsfest mit Gas betrieben. Ottomotoren wandeln chemische Energie in mechanische Energie um. CARL BENZ baute den Motor in ein Fahrzeug ein und betrieb ihn mit Benzin.
2. 1. Takt: ansaugen – Benzin und Luft wird angesaugt.
   2. Takt: verdichten – Das Gemisch wird verdichtet.
   3. Takt: arbeiten – Ein Funke zündet, das Gemisch explodiert. Der Kolben wird bewegt.
   4. Takt: ausstoßen – Die verbrannten Gase werden ausgestoßen.

KV 3/41 Das Zündsystem des Ottomotors

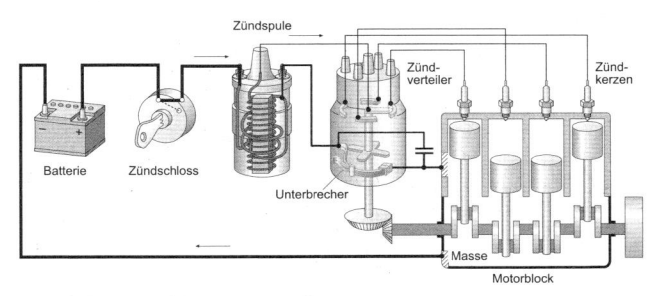

KV 4/42 Primärenergie

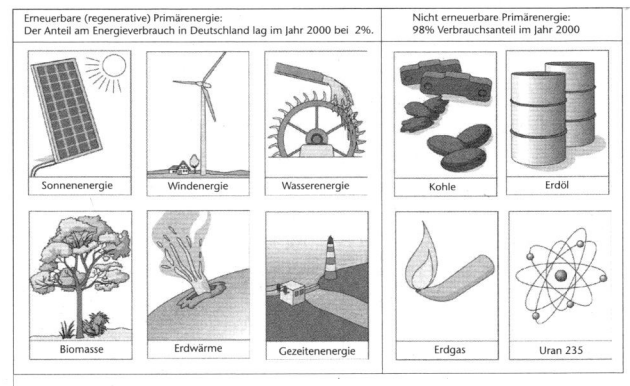

KV 4/43 Wärmekraftwerke

1. Elektrische Energie ist Sekundärenergie, die erst aus einer anderen Primärenergie gewonnen werden muss. Ungefähr 50 % unseres Stroms wird durch Verbrennung von Steinkohle und Braunkohle erzeugt. Mit Kohlenstaub wird der Kessel befeuert und Dampf erzeugt. Der Dampf treibt die Turbinen an und diese den Generator. Zur Rückkühlung des Dampfes benötigt man große Mengen Wasser.
2. Entstaubung – Staub, Asche – Flugasche
   Entschwefelung – Schwefeldioxid – Gips
   Entstickung – Stickstoffoxide – Stickstoff, Wasser
   Trotz Abgasreinigung belastet ein Wärmekraftwerk die Umwelt immer noch durch Abgabe von Kohlenstoffdioxid, Wasserdampf, Lärm und Wärme.
3. Rauchgas: 10 % Wärme, Rückkühlung im Kühlturm: 48 % Wärme, Wärmeverlust der Maschinen: 1 %, 38 % elektrische Energie, Eigenbedarf des Kraftwerks: 3 %, Gelieferte elektrische Energie: 38 %, Summe der Verluste: 62 %

ISBN 3-12-113088-9

Lösungen

KV 4/44 Der Abgaskatalysator

1. *Diagramm eines Abgaskatalysators mit Beschriftungen:* Lambda-Sonde, Katalysator, Gehäuse, Stickstoffoxide, Kohlenstoffmonooxid, Kohlenwasserstoffe, Drahtgeflecht, Kohlenstoffdioxid, Stickstoff, Wasser

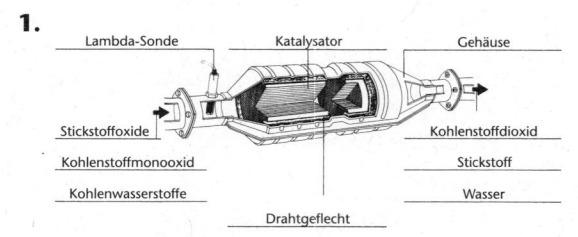

2. Platin, Rhodium, Palladium
3. Das Schwermetall Blei würde als Katalysatorgift die Edelmetalle überziehen, die dadurch als Katalysatoren inaktiv werden.

KV 4/45 Nutzung der Erdwärme

1. An manchen Stellen der Erde dringt eine wasserführende Schicht (Aquifer), die eine Verbindung zu größeren Tiefen hat, bis dicht an die Oberfläche. Wenn die Deckschicht durchbohrt wird, kann der Dampf oder das heiße Wasser ausströmen oder hochgepumpt werden.
2. Je näher man dem Erdkern kommt, umso wärmer wird es. In 4500 m Tiefe sind es ca. 300 °C, die zur Dampferzeugung ausreichen. Zwei Bohrungen werden in einem bestimmten Abstand in die Tiefe gebracht. Durch die erste Bohrung wird Wasser in das heiße Gestein gepresst. Es bilden sich Verbindungsgänge zur zweiten Bohrung. So kann Wasser ständig im Kreis gepumpt werden. Über Wärmetauscher im Kraftwerk wird Dampf erzeugt, mit dem eine Turbine und damit ein Generator betrieben wird.

KV 4/46 Warmwasserbereitung mit dem Sonnenkollektor

1. *Diagramm eines Sonnenkollektor-Systems mit Beschriftungen:* Glasabdeckung, Absorber, Isolation, Entlüftungsventil, 230 V~, Regelung mit Messfühler und Stelleinrichtung, Messfühler, Umwälzpumpe, Warmwasserauslauf, 55 °C, elektr. Nachheizung, Wärmetauscher, Ausdehnungsgefäß, 50 °C, Kaltwassereinlauf, geschlossener Kollektorkreislauf

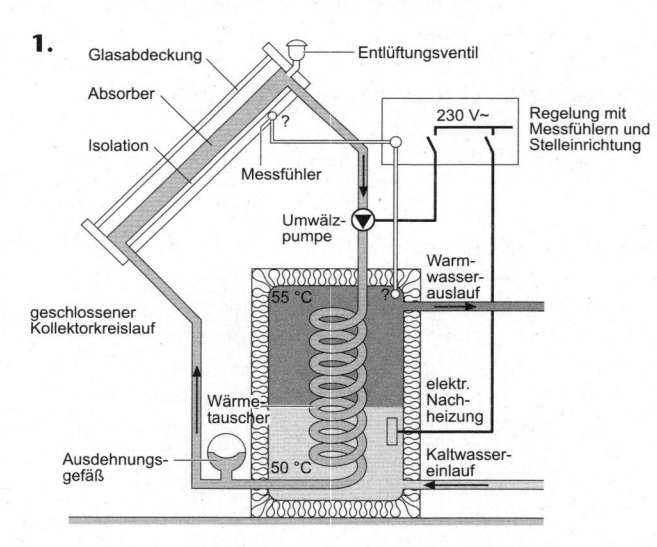

2. a) Die Umwälzpumpe bewegt den Wärmeträger im Kollektorkreislauf, um die Wärme aus dem Sonnenkollektor in den Speicher zu bringen. Hier gibt der Wärmeträger seine Wärme an das Brauchwasser ab.
   b) Der Wärmeträger dehnt sich bei der Erwärmung im Kollektorkreislauf aus. Im Ausdehnungsgefäß ist eine elastische Membran eingebaut, die sich eindrücken lässt und dadurch für genügend Volumen sorgt.
   c) Wenn in den Leitungen Luft ist, kann diese durch Öffnen des Entlüftungsventils entfernt werden.
   d) Die Regelung besteht aus zwei Temperaturfühlern und einer Elektronik. Wenn die Temperatur am Kollektorfühler höher ist als am Speicherfühler, schaltet die Regelung die Umwälzpumpe ein.

KV 4/47 Strom und Wärme – das Blockheiz-kraftwerk

1. *Energieflussdiagramm:* Erdgas 100 % → Strom 31 %, Heizwärme 49 %, Kühlwasser 12 %, Abgas 8 %

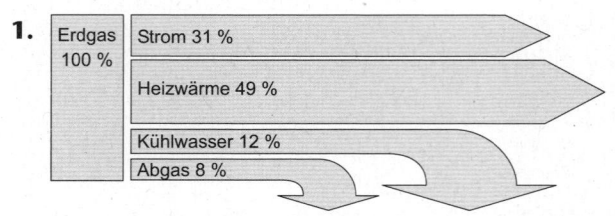

2. Statt eines Heizkessels ist ein Verbrennungsmotor installiert, der einen Generator antreibt. Die Abwärme des Motors speist eine Warmwasserzentralheizung: Sowohl das Kühlwasser als auch die Abgase des Motors leitet man durch den Wärmetauscher und erwärmt damit das Heizungswasser. 80 % der zugeführten Energie sind somit nutzbar.
3. Die Motoren sind preiswert und können mit Benzin, Diesel oder Biogas betrieben werden. Ein Kfz-Handwerker kann die Wartung übernehmen.
4. Ein BHKW geht nur in Betrieb, wenn Wärme abgenommen wird: Es wird nicht immer Strom produziert. Laufgeräusche müssen mit hohem Aufwand gedämmt werden.
5. Bei wenig Wärmebedarf läuft der Motor, bis der Warmwasserspeicher aufgeladen ist. Danach kann er längere Zeit stehen. Der Motor muss also nicht dauernd ein- und ausgeschaltet werden.

KV 4/48 Wasserkraftwerke

1. Wasserräder wurden schon von unseren Vorfahren zum Antrieb von Mühlen genutzt. Heute erzeugen wir in Deutschland ca. 4 % unserer elektrischen Energie in Wasserkraftwerken. Unsere Laufwasserkraftwerke an den Flüssen kommen mit wenigen Metern Stauhöhe aus. Es fließt eine große Wassermenge durch die Kaplanturbine.
2. Wenn man in den Bergen einen Stausee anlegen kann, der das Wasser sammelt, hat man einen guten Speicher für Lageenergie. Das Wasser stürzt mit hoher Geschwindigkeit in das Tal und treibt eine Peltonturbine an.
3. a) Bei Spitzenbedarf wird die Lageenergie bei (1) zu Bewegungsenergie bei (2) und diese in elektrische Energie bei (3) umgesetzt.
   b) (4): wenig Lageenergie, (3): elektrische Energie aus dem Netz, (2): Bewegungsenergie, (1): viel Lageenergie
4. Die Energie stammt letztendlich von der Sonne.
5. Sie verbrauchen keine fossilen Brennstoffe, erzeugen keine Abgase und haben einen hohen Wirkungsgrad.

KV 4/49 Windenergieanlagen

1. Die Windenergieanlagen stehen im Meer.
2. Küstengebiete, Off-shore-Gebiete, Kuppen der Mittelgebirge
3. Die Drehzahl wird durch ein Getriebe erhöht.

ISBN 3-12-113088-9

Lösungen

4. Die Rotorblätter werden verstellt, oder der Rotor wird gebremst.

5.
- Beeinträchtigung des Landschaftsbildes
- Störung der Tierwelt, besonders in Vogelfluglinien
- Belästigung durch Geräusche, Schattenwurf und Lichtreflexe

KV 4/50 Messungen an Solarzellen

1.

	1 Solarzelle	2 Solarzellen in Reihe	2 Solarzellen parallel
Spannung U	0,5 V	1 V	0,5 V
Stromstärke I	0,1 A	0,1 A	0,2 A

2. Beispiel-Messung:

Ausrichtung der Solarzelle	Spannung U	Stromstärke I
1 Solarzelle flach auf dem Tageslichtprojektor	0,5 V	95 mA
1 Solarzelle im rechten Winkel auf dem Tageslichtprojektor	0,2 V	20 mA
1 Solarzelle im Winkel von 45° auf dem Tageslichtprojektor	0,3 V	45 mA
1 Solarzelle mit der Hand abgedeckt	0,1 V	5 mA
2 Solarzellen in Reihe geschaltet flach auf dem Tageslichtprojektor	1,0 V	95 mA
2 Solarzellen parallel geschaltet flach auf dem Tageslichtprojektor	0,5 V	190 mA

3. Liegt die Solarzelle flach auf dem Tageslichtprojektor und treffen die Lichtstrahlen senkrecht auf die Zellenfläche, ist die Spannung und Stromstärke am größten. Bei der Reihenschaltung addieren sich die Spannungen. Die Stromstärke ist gleich wie die Stromstärke einer Solarzelle. Bei der Parallelschaltung addieren sich die Stromstärken. Die Spannung ist gleich wie die Spannung einer Solarzelle.

4. 2 V / 0,1 A

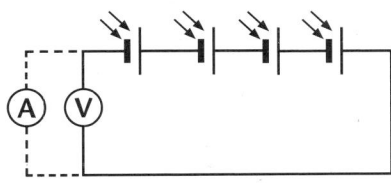

2 V / 0,2 A

KV 4/51 Durchbiegung unterschiedlicher Profile

1.

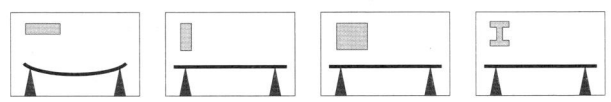

2. Die stärkste Durchbiegung tritt beim rechteckigen Profil (flach) auf. Das gleiche Profil hochkant biegt sich deutlich weniger. Sowohl das quadratische als auch das Doppel-T-Profil biegen sich kaum.

4. Die Durchbiegung eines Trägers ist von dessen Profil abhängig. Je höher das Profil ist, umso stabiler ist der Träger. Der Doppel-T-Träger ist trotz geringerer Dicke in der Mitte (und damit weniger Material) etwa so stabil wie der Träger mit quadratischem Profil.

KV 4/52 Wärmedämmung und U-Wert

1. Die Einheit des U-Wertes ist 1 W / (m² · K). Eine Wand mit diesem U-Wert gibt pro Grad Temperaturunterschied und pro Quadratmeter Fläche eine Wärmeleistung von 1 Watt an die Umgebung ab. Der U-Wert einer gut isolierenden Wand ist klein.

2. Der Bauherr kann das Material bzw. die Materialkombination der Wand verändern oder eine dickere Wand bauen lassen.

3. Eine Außendämmung ist besser. Sie lässt die Hausmauern im Winter nicht so stark auskühlen und schont dadurch die Bausubstanz. Eine Innendämmung verkleinert außerdem die Innenräume.

4. Hartschaumplatten, Mineralwolle (Steinwolle), Glaswolle, Schaumstoff und Kork sind gute Isolierstoffe. Sie sind weich und leicht.

5. Beim Hausbau braucht man auch harte und druckfeste Materialien, z. B. Beton und Glas. Sie sind keine guten Isolierstoffe.

KV 4/53 Energieverbrauch im Haushalt

1.

Heizung	12 000 kg SKE · 0,51 ≈ 6100 kg SKE
Auto	12 000 kg SKE · 0,34 ≈ 4100 kg SKE
Warmwasser	12 000 kg SKE · 0,08 ≈ 1000 kg SKE
Elektrogeräte	12 000 kg SKE · 0,04 ≈ 500 kg SKE
Kochen	12 000 kg SKE · 0,02 ≈ 200 kg SKE
Licht	12 000 kg SKE · 0,01 ≈ 100 kg SKE

3. Heizkosten verringern durch:
- Wärmedämmung der Außenwände und des Daches
- Einbau von Isolierglasfenstern
- Einbau einer neuen Heizung

Benzinkosten verringern durch:
- sparsame Fahrzeuge benutzen
- öffentliche Verkehrsmittel benutzen
- zu Fuß gehen oder mit dem Fahrrad fahren

Warmwasserkosten verringern durch:
- duschen statt baden
- Warmwasserleitungen mit Isolierhüllen versehen
- Warmwasser mit Solaranlage erwärmen

4. a) 20 000 Mio kWh : 8760 h ≈ 2,28 Mio kW
Dies entspricht etwa 2 Großkraftwerken.

ISBN 3-12-113088-9

b) 2,28 Mio kW : 0,020 kW/Gerät = 114 Mio Geräte
114 Mio Geräte : 30 Mio Haushalte ≈ 4 Geräte/Haushalt

KV 4/54 Bewusst Auto fahren – Energie sparen

1. Kurze Strecken mit dem Fahrrad oder zu Fuß zurücklegen oder öffentliche Verkehrsmittel benutzen.
2. a) Geschwindigkeit verringern (geringerer Benzinverbrauch), Ampelphasen beachten (weniger bremsen bzw. beschleunigen), Überholen (Lückenspringen, Spurwechsel) vermeiden, das kostet Zeit, spart aber viel Benzin.
   b) Richtiger Reifendruck bedeutet geringeren Rollwiderstand und damit weniger Treibstoffverbrauch; nicht mit leerem Gepäckträger fahren, denn das kostet 11 % mehr Treibstoff; Vergaser, Zündanlage, Ventile und Luftfilter richtig warten (spart Treibstoff und bedeutet weniger Abgase); bei Stau oder Ampelstopps Motor abstellen.

KV 5/55 Das Alphabet des Lebens

3. A und T, C und G
4. … CGACACTA
5.

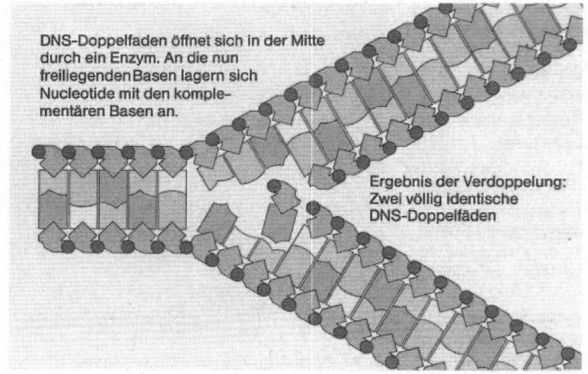

DNS-Doppelfaden öffnet sich in der Mitte durch ein Enzym. An die nun freiliegenden Basen lagern sich Nucleotide mit den komplementären Basen an.

Ergebnis der Verdoppelung: Zwei völlig identische DNS-Doppelfäden

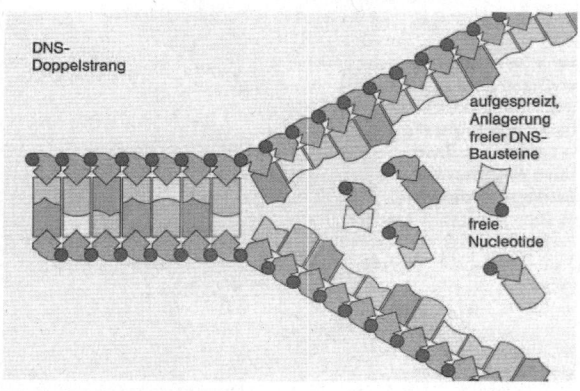

DNS-Doppelstrang

aufgespreizt, Anlagerung freier DNS-Bausteine

freie Nucleotide

KV 5/56 Die Mitose

1. Lösungswort: Zelle
2. Z – Chromatingerüst
   E – Chromosomen sichtbar
   L – Chromosomen mit Spindelfasern verbunden, bewegen sich in der Äquatorialebene.
   L – Spindelfasern verkürzen sich; jeweils 1 Chromatid wird als Tochterchromosom zu den Zellpolen befördert.
   E – Kernkörperchen wieder sichtbar; Spindelfasern verschwinden. Kernmembran und Zellmembran (bzw. Zellwand bei Pflanzen) bilden sich um die Tochterkerne bzw. -zellen.

KV 5/57 Die 1. und 2. Mendel'sche Regel

2. **1. Mendel'sche Regel (Uniformitätsregel)**
Kreuzt man Individuen, die sich in nur einem Merkmal reinerbig unterscheiden, so sind alle Mischlinge der 1. Tochter-Generation untereinander einheitlich.

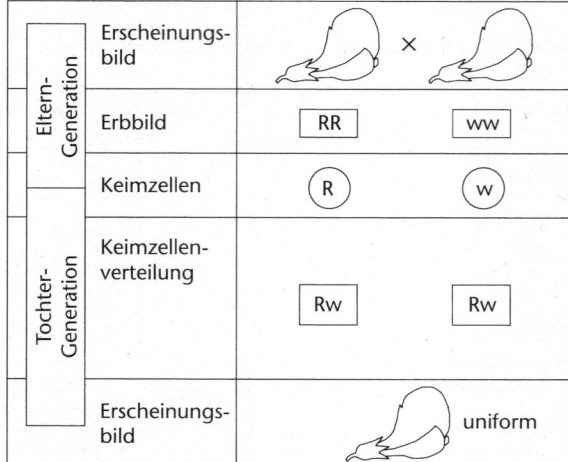

Eltern-Generation	Erscheinungsbild	♂ × ♀	
	Erbbild	RR	ww
	Keimzellen	R	w
Tochter-Generation	Keimzellenverteilung	Rw	Rw
	Erscheinungsbild	uniform	

2. Mendel'sche Regel (Spaltungsregel)
Bei der Kreuzung der Tochter-Mischlinge untereinander treten die Merkmale der Eltern-Generation in festen Zahlenverhältnissen auf.

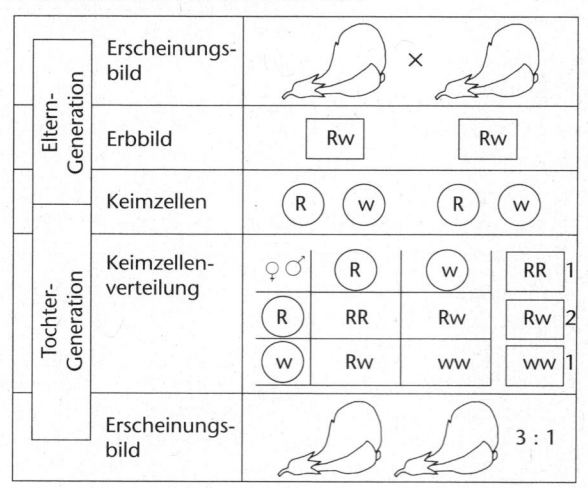

Eltern-Generation	Erscheinungsbild	×			
	Erbbild	Rw		Rw	
	Keimzellen	R, w		R, w	
Tochter-Generation	Keimzellenverteilung ♀\♂	R	w	RR	1
		R	RR	Rw	Rw 2
		w	Rw	ww	ww 1
	Erscheinungsbild				3 : 1

Lösungen

KV 5/58 Die 3. Mendel'sche Regel

1. Kreuzt man zwei Lebewesen einer Art, die sich in mehr als einem Merkmal reinerbig unterscheiden, so werden die einzelnen Gene unabhängig voneinander verteilt. Sie können bei der Befruchtung in neuen Kombinationen zusammentreten.
2. Lösungsabbildung 3. Mendel'sche Regel:

Elterngeneration	Erscheinungsbild	○	X	⬠
	Erbbild	GGRR		ggrr
	Keimzellen	GR		gr
1. Tochtergeneration	Erbbild		GgRr	
	Erscheinungsbild	○	X	○
	Erbbild	GgRr		GgRr
	Keimzellen	GR Gr gR gr		GR Gr gR gr

Verteilung der Erbbilder

♀ \ ♂	GR	Gr	gR	gr
GR	GGRR	GGRr	GgRR	GgRr
Gr	GGRr	GGrr	GgRr	Ggrr
gR	GgRR	GgRr	ggRR	ggRr
gr	GgRr	Ggrr	ggRr	ggrr

Erscheinungsbild: ○ : ⬠ : ○ : ⬠ = 9 : 3 : 3 : 1

KV 5/59 Vererbte Merkmale des Menschen

(nach Vorschlägen in KNODEL, H. et al.: Biologie-Praktikum. Metzler, Stuttgart 1973)

Dominante (unterdrückende) Gene sind mit Groß-, rezessive (unterdrückende) mit Kleinbuchstaben angegeben.

1. Zungenrollen (Z), Nicht-Zungenrollen (z).
   Da zwei oder mehrere Zungenmuskeln beim Zungenrollen tätig sind, wird dieses Merkmal nicht monogen vererbt. Zudem kann Übung eine Rolle spielen. Deshalb kann es vorkommen, dass Schüler die Zunge rollen können, deren Eltern dazu nicht in der Lage sind. Diese nicht strikt monogene Vererbung sowie nicht 100 %ige Expressivität kann auch bei anderen Merkmalen vorliegen.
2. Ohrläppchen angewachsen (o), nicht angewachsen (O).
3. Augenfarbe blau (fast kein Pigment!) (p), Pigmentierung (grün bis braun) (P).
4. Sommersprossen (S), keine (s).
5. Haaransatzlinie spitz (H), gerade (h).
6. Haarform glatt (GG), gewellt (Gg), lockig (gg).
7. Haarfarbe dunkel (D), hell (d).
8. Mittleres Fingerglied behaart (F), nicht behaart (f).
9. Rückbiegen des Daumens (r), Daumen nur gerade (R).

KV 5/60 Bluterkrankheit – Fürstenkrankheit

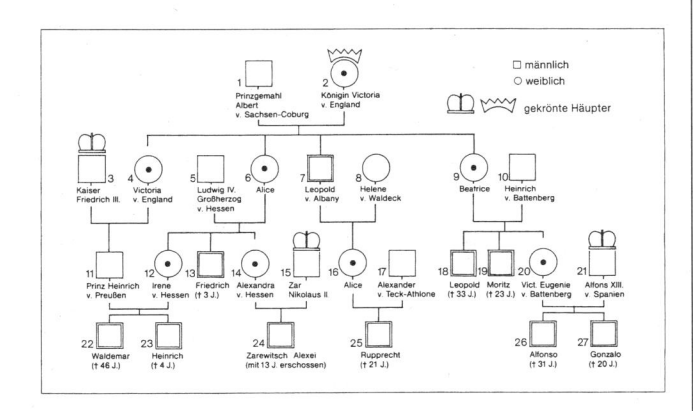

KV 5/61 Wenn Meiosen gestört sind

1. Dieses Arbeitsblatt wiederholt die Vorgänge bei der Meiose (vgl. Schulbuch Doppelseite 124/125). Es zeigt die zwei Möglichkeiten für die Entstehung einer Trisomie: Nichttrennung von Chromosomen während der ersten oder zweiten meiotischen Teilung.
3. Ursachen: Nichttrennung von Chromsomen (z. B. Trisomie 21), z. T. vom Alter der Mutter abhängig, z. T. Fehler bei der Keimzellenbildung des Vaters. Folgen: Trisomie. Beispiel: Trisomie 21 führt zu schweren Behinderungen (Down-Syndrom).

KV 5/62 Der Chromosomensatz eines Menschen (A)/(B)

Die Chromosomen-Abbildungen sind am Zentromer auf die Linien des Formulars zu kleben. Der untersuchte Mensch ist männlich (X und Y). Er leidet am Down-Syndrom (Trisomie 21).

KV 5/64 Ziele der Tier- und Pflanzenzüchtung

Tierart	Zuchtziele	Pflanzenart	Zuchtziele
Merinoschaf, Angorakaninchen	feine Wolle	Tomate	Schädlingsresistenz, maschinelle Ernte, industrielle Verarbeitung, Krankheitsresistenz
Hund	Verwendung (Jagdtauglichkeit, Zoll-, Schoß-, Blindenhund), Aussehen	Tomate, Weizen, Kartoffeln, Wein	Widerstandsfähigkeit gegen Krankheiten

Lösungen

Windhund, Reitpferd, Reitkamel	Schnelligkeit	Kopfsalat	frühreif, zarte Blätter, Farbtöne, Größe, Haltbarkeit
Rind	feste Haut (Leder), Fleischertrag, Gebirgstauglichkeit	Weizen, Rüben, Kartoffeln, Tomaten	hoher Ertrag
Milchschaf, Kuh, Ziege	Milchleistung	Kartoffel	Größe, Haltbarkeit, Verwendung (Salat-, Speisekartoffel), Reife (frühe, späte Reife)
Huhn	Fleisch, Eierertrag, schnelle Legereife	Apfel, Johannisbeeren, Ackersalat, Kirschen, Kiwi	hoher Vitamingehalt
Chinchilla, Silberfuchs, Nerz, Zobel	feine Pelze	Äpfel	Geschmack, Schorffestigkeit, Haltbarkeit, Vitamingehalt
Kaninchen	Größe (Zwerg-, Riesenform), Wollqualität	Parkbäume, Obstbäume	widerstandsfähig gegen Umweltgifte

KV 5/65 Gentechnik in der Landwirtschaft

1. **Herkömmliche Züchtung** ist auf zufällig gefundene Pflanzen mit günstigen Eigenschaften angewiesen; es dauert lange Zeit bis ein Erfolg sichtbar wird. **Züchtung mittels Gentechnik** erlaubt es, Gene für gewünschte Eigenschaften gezielt in Pflanzen einzuschleusen; das bedeutet eine Zeitersparnis; außerdem können Merkmale kombiniert werden, wie es unter natürlichen Bedingungen nie möglich wäre.

2. Das gewünschte Gen wird aus dem natürlichen Träger isoliert, in einen *Protoplasten* (Pflanzenzelle ohne Zellwand) eingeschleust und dort in die DNS eingebaut. Der so veränderte Protoplast wird mithilfe von Wachstumshormonen zu einem Zellhäufchen *(Kallus)* und schließlich zu einer vollständigen Pflanze herangezogen.

KV 5/66 Geklonte Dolly: drei Mütter – kein Vater

1. Austausch und Neukombination von genetischem Material finden nicht statt.
2. Eineiige Zwillinge.
3. Zur Klonierung von Dolly wurde das Erbmaterial einer ausdifferenzierten Zelle verwendet. Zum ersten Mal wurde damit das „Ebenbild" eines ausgewachsenen Säugetiers geschaffen.

KV 5/67 Die „Anti-Matsch-Tomate"

1. Nicht nur „Gen-Tomaten" enthalten Gene, sondern selbstverständlich auch die nicht veränderten Früchte. Beim nicht informierten Verbraucher kann die verkürzende Bezeichnung völlig falsche Vorstellungen wecken.

2. Pro:
– Die gentechnisch veränderten Tomaten können am Strauch ausreifen und unter natürlichen Bedingungen Vitamine und Aromastoffe bilden.
– Sie sind besser lagerfähig und bleiben länger fest.

Contra:
– Der Verbraucher kann kaum noch zwischen wirklich frischer und gentechnisch veränderter Ware unterscheiden.
– Es besteht die Gefahr, dass in noch frisch aussehenden aber schon länger gelagerten Früchten der Abbau von Vitaminen und Aromastoffen bereits fortgeschritten ist.
– Gentechnisch veränderte Lebensmittel entsprechen nicht mehr dem natürlichen Produkt. Das wird von vielen Verbrauchern so empfunden.

KV 6/69 Die Lebensschnur (A)/(B)

Ediacarium: erste Mehrzeller; (1) Spriggina: (2) Rangea. > 60 cm
Kambrium: (1) Dreilappkrebs (Trilobit). 60 m
Ordovizium und Silur: (1) Nacktfarn; (2) kieferloser Fisch. 50 cm
Devon: (1) Quastenflosser; (2) Ichthyostega. 40 cm
Karbon: (1) Farne, Schachtelhalme, Bärlappe; (2) Ur-Libelle; (3) Stammreptil. 35 cm
Perm: (1) Ginkgo; (2) erste Nadelbäume; (3) Saurier. 28 cm
Trias: (1) Bärlappbaum; (2) Palmfarn; (3) Dinosaurier. 22,5 cm
Jura: (1) Ginkgo; (2) Palmfarn; (3) Urvogel. 19,5 cm
Kreide: (1) erste Blütenpflanzen; (2) Entenschnabelsaurier. 14 cm
Teritär: (1) Sumpfzypresse; (2) Wasserfichte; (3) Altpferd. 6,5 cm
Quartär: (1) Mammut; (2) Neandertaler. 2 mm.

KV 6/75 Die Stammesentwicklung der Pferde

Anmerkung: Wie der verzweigte Stammbaum zeigt, ist die Entwicklung der Pferde nicht geradlinig verlaufen. Viele Linien starben aus. Obwohl die eigentliche Stammesentwicklung der Pferde in Nordamerika stattgefunden hat, fand man Pferdefossilien auch in Europa. Offensichtlich wanderten in Amerika entstandene Arten über eine damals bestehende Landbrücke zwischen Alaska und Sibirien (heutige Beringstraße) nach Asien und Europa ein, entwickelten sich aber hier nicht wesentlich weiter und starben wieder aus. Auch Equus, unser heutiges Pferd, ist ein Einwanderer aus Amerika, der sich in der Alten Welt durchsetzen konnte, während diesmal seine nordamerikanischen Verwandten aus unbekannten Gründen ausstarben. Als COLUMBUS Amerika betrat, gab es kein einziges Pferd im Heimatland der Pferde. Erst durch die
Zähmung verwilderter Pferde der spanischen Eroberer nach 1500 n. Chr. konnten Indianer zu Reitervölkern werden, wie es die Schüler aus Büchern und Filmen kennen.

Lösungen

Hyracotherium: vor ca. 55 Mio. Jahren
a) 50 cm
b) Laub- und Früchtefresser in sumpfigen Wäldern Nordamerikas
c) 4 Zehen vorne, 3 hinten
d) niedrig, vierhöckrig

Merychippus: vor ca. 20 Mio. Jahren
a) 100 cm
b) Grasfresser, Lauftier in Steppe
c) Mittelzehe stark entwickelt
d) Schmelzfalten

Equus: vor 2 Mio. Jahren
a) 190 cm (stark rassenabhängig)
b) Steppen Asiens und Europas
c) Unpaarhufer: läuft auf Mittelzehenspitze, Seitenzehen als „Griffelbeine", Mittelfuß stark verlängert
d) Schmelzfalten

KV 6/77 Pflanzen besiedeln das Land

1. Typische Merkmale von Landpflanzen sind Spaltöffnungen, Abschlussgewebe, Festigungsgewebe, Wurzeln und Wasserleitungsbahnen.
2. Rhynia besitzt eine dicke äußere Zellschicht, Rhizoide an einem Rhizom, Tracheiden und Sporenbehälter.

KV 6/78 Tiere gehen an Land

1. Amphibien sind mit Lungenfischen näher verwandt, wie (DNA-Vergleiche und) Zähne zeigen.
2. Lungen sind bei Fischen ursprünglich verbreitet und stellen somit keine Angepasstheit an den Übergang zum Landleben dar (Präadaption). Danach kommen alle Fisch infrage.

KV 6/79 Saurier – ausgestorbene Kriechtiere

1. Im Wasser:
Der Paddelsaurier bewegte sich mit Hilfe langer, kräftiger, zu Paddeln umgewandelter Gliedmaßen. Der Fischsaurier bewegte sich fischähnlich, vor allem mit seinem Flossen tragenden Schwanz. Seine Vorder- und Hinterbeine waren ebenfalls zu Flossen umgewandelt.

An Land:
Der Raubsaurier hatte große Krallen und dolchartige Zähne, um seine Beute zu überwältigen. Der Elefantenfußsaurier war ein Pflanzenfresser mit einem langen Peitschenschwanz, um sich gegen Raubsaurier zu wehren.

Im Luftraum:
Flugsaurier besaßen einen kleinen Körper, große Flughäute an den Vordergliedmaßen und ein Haarkleid, um die Körpertemperatur besser zu halten.

KV 6/80 Vergleich von Vogel, Archaeopteryx und Reptil

Reptilien
Schädel: Kiefer mit Zähnen
Wirbelsäule: aus frei beweglichen Wirbeln
Schwanz: lang; aus frei beweglichen Wirbeln
Brustkorb: Schlüsselbeine getrennt; vordere Rippen mit Brustbein verwachsen (Brustbein fehlt bei Schlangen); hintere frei endend (z.T. „Bauchrippen")
Vordergliedmaßen: Elle und Speiche sowie Mittelhandknochen; fünf Finger mit Krallen
Hintergliedmaßen: Schien- und Wadenbein sowie Mittelfußknochen nicht verwachsen; fünf freie Zehen mit Krallen
Körperbedeckung: Hornschuppen

Archaeopteryx
Schädel: schnabelförmiger Kiefer mit Zähnen
Wirbelsäule: aus frei beweglichen Wirbeln, nicht starr mit Becken verwachsen
Schwanz: lang; aus (mindestens 20) frei beweglichen Wirbeln
Brustkorb: Schlüsselbeine verwachsen; Rippen frei, „Bauchrippen"; (längsverlaufende Knochenspangen in Bauchdecke); Brustbein zumindest knorpelig vorhanden, mit Brustbeinkamm
Vordergliedmaßen: Flügel; drei Finger frei, mit Krallen
Hintergliedmaßen: Mittelfußknochen zu „Lauf" verlängert, aber nicht verwachsen; Schien- und Wadenbein nicht verwachsen; vier Zehen mit Krallen, eine nach hinten gerichtet
Körperbedeckung: Federn; z.T. Hornschuppen (z.B. an Füßen)

Vögel
Schädel: Hornschnabel ohne Zähne
Wirbelsäule: Hals- und Schwanzwirbel beweglich; sonstige Wirbel miteinander und mit Becken verwachsen
Schwanz: kurz; einige Wirbel zum Schwanzknochen verwachsen
Brustkorb: Schlüsselbeine verwachsen; alle Rippen mit Brustbein verwachsen; breiter Brustbeinkamm als Ansatz für die Flugmuskulatur
Vordergliedmaßen: Flügel; Zahl der Handknochen reduziert, z.T. verwachsen; drei rückgebildete verwachsene Finger, ein Finger frei, ohne Krallen
Hintergliedmaßen: Wadenbein zu Spangen reduziert; Mittelfuß- und Teil der Fußwurzelknochen zu „Lauf" verwachsen; vier Zehen mit Krallen, eine nach hinten gerichtet
Körperbedeckung: Federn; Hornschuppen an den Füßen

KV 6/81 Die Darwinfinken – ein Beispiel für die Entstehung neuer Arten (A)/(B)

Das System ist nicht eindeutig. Deshalb dient als Ordnungshilfe das Lösungswort C(1) – H(2) – A(3) – R(4) – L(5) – E(6) – S(7) – D(8) – A(9) – R(10) – W(11) – I(12) – N(13): Charles Darwin

KV 6/83 Von Aristoteles bis Darwin

a) Die flugunfähigen Insekten entstanden durch einen göttlichen Schöpfer und verloren dann ihre Flügel, da dies vorteilhafter war.
b) Als Umweltanpassung strebten Insekten die Flügellosigkeit an und vererbten diese Eigenschaften weiter.
c) Flugunfähige Insekten starben durch die katastrophalen Windverhältnisse aus. An ihrer Stelle wurden flugunfähige Insekten erschaffen.
d) Die Natur brachte eine Vielzahl (Überschuss) von Organismen mit variierenden Eigenschaften hervor. Insekten mit Flügeln waren weniger gut angepasst, sodass die Mehrzahl ausstarb und nur die flugunfähigen überlebten.

KV 6/84 Gleicher Bauplan – gemeinsame Abstammung

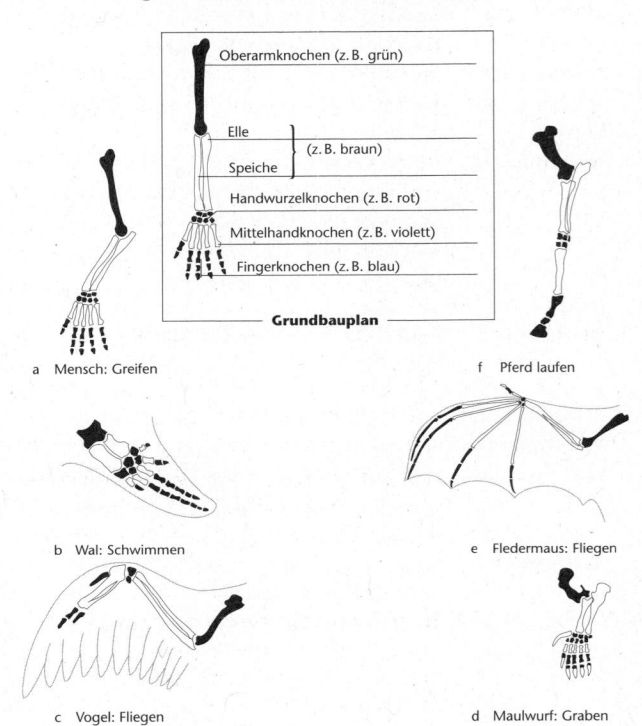

Grundbauplan: Oberarmknochen (z. B. grün), Elle / Speiche (z. B. braun), Handwurzelknochen (z. B. rot), Mittelhandknochen (z. B. violett), Fingerknochen (z. B. blau)

a Mensch: Greifen
b Wal: Schwimmen
c Vogel: Fliegen
d Maulwurf: Graben
e Fledermaus: Fliegen
f Pferd laufen

KV 6/85 Vergleich der Skelette von Schimpanse und Mensch

Schimpanse
Wirbelsäule: C-förmig. Deutung: tragende Bogen-Sehnen-Konstruktion
Becken: hoch, flach, schmal
Gliedmaßen: Arme länger als Beine; Klammerhand, Greiffuß, Beine im Stehen angewinkelt. Deutung: hangelndes Klettern; Schwerpunkt unter der Standfläche
Schädel: Hirnschädel flach; Überaugenwülste; Schnauze; fliehendes Kinn, Hinterhauptsloch hinter Schädelschwerpunkt. Deutung: Hirnvolumen um 400 cm^3; starke Nackenmuskulatur
Gebiss: starke Eckzähne, passen in „Affenlücke" im Kiefer
Zahnbogen U-förmig-eckig. Deutung: Gebiss als Waffe.

Mensch
Wirbelsäule: doppelt S-förmig. Deutung: aufrechter Gang
Becken: breit, schaufelartig. Deutung: Becken trägt Eingeweide und Fetus
Gliedmaßen: Beine länger als Arme; Daumen opponierbar; Beine im Stehen gestreckt. Deutung: Werkzeuggebrauch; Schwerpunkt über der Standfläche
Schädel: Hirnschädel groß und gewölbt; Hinterhauptsloch unter Schädelschwerpunkt. Deutung: Hirnvolumen ca. 1400 cm^3; Kopf ausbalanciert; Nackenmuskulatur wenig ausgeprägt
Gebiss: Eckzähne nicht größer als Schneidezähne; Zahnbogen V-förmig gerundet.

KV 6/86 Die Vielfalt der Menschen (1), (2)

Ordnungskriterien könnten nur sichtbare Merkmale sein, wie Hautfarbe, Augenform, Nasenbreite u. a. Die abgebildeten Menschen sind nach der traditionellen Einteilung Vertreter der fünf „Menschenrassen". Bei verschiedenen Bildern treten sicherlich Zuordnungsprobleme auf (z. B. Hautfarbe von der einen Gruppe und Nasenbreite oder Haarform von der anderen). Da eine Zuordnung nach äußeren Merkmalen nicht eindeutig möglich ist, wird den Schülern klar, dass man, will man die genetische Verwandtschaft der Menschen überprüfen, auf messbare genetische Größen zurückgreifen muss.

5. s. Lösungen zu Blatt (2) (unten).
Da die Kenntnis der Bevölkerungsgruppen die Einteilung der Fotos nach eigenen Kriterien beeinflussen würde, sollte diese Information erst ganz zum Schluss gegeben werden. Schülerinnen und Schüler benötigen sie zur Lösung der Aufgabe 5 auf dem Arbeitsblatt und weiterhin zum Vergleich mit den Ergebnissen auf dem Arbeitsblatt (3).

KV 6/88 Die Vielfalt der Menschen (3)

Die dargestellten Messergebnisse beziehen sich auf die von Wilson und Cann durchgeführten Untersuchungen der mt-DNA. Daraus sollen nun die tatsächlichen genetischen Verwandtschaftsverhältnisse abgeleitet und mit der selbst vorgenommenen Einteilung sowie mit der üblichen Rasseneinteilung verglichen werden. Es ergibt sich der Schluss, dass die traditionelle Einteilung der Menschen in Rassen nicht stichhaltig ist. Besonders deutlich zeigt sich das am Beispiel der Thai.

1. Nahe verwandte Gruppen:
   – Europäer, Abb. Nr. 5, 15, Europide
     Lappen, Abb. Nr. 1, 13, Europide
   – Indianer, Abb. Nr. 6, 12, Indianide
     Japaner, Abb. Nr. 3, 10, Mongolide
   – Thai, Abb. Nr. 4, 9, Mongolide
     Australier, Abb. Nr. 8, 14, Australide
   – Äthiopier, Abb. Nr. 7, 16, Europide/Negride
     Bantu, Abb. Nr. 2, 11, Negride
2. Eine Einteilung nach äußeren Merkmalen ist häufig nicht eindeutig möglich. Die von den Schülern gewählte Einteilung wird nur in einigen Fällen zufällig der nach genetischer Nähe entsprechen. Die traditionelle Rasseneinteilung stimmt ebenso wenig mit den Ergebnissen genetischer Untersuchungen überein.

Lösungen

KV 6/89 Die Vielfalt der Menschen (4)

1. Tierrassen: Äußerlich gut unterscheidbar; abgegrenzte, getrennte Verbreitungsgebiete; verschiedene Rassen/Unterarten der selben Art; Individuen der verschiedenen Rassen können sich miteinander fortpflanzen; Individuen einer Rasse sind genetisch relativ einheitlich; deutliche genetische Unterschiede zwischen den Populationen; Unterschiede betreffen nicht in erster Linie äußerlich sichtbare Merkmale
2. *Gemeinsamkeiten:* Es gibt äußerlich erkennbare Unterschiede. Individuen verschiedener Populationen können sich untereinander fortpflanzen.
Unterschiede: Keine eindeutig abgrenzbaren Verbreitungsgebiete (zahlreiche Übergänge); alle heutigen Menschen gehören zur selben Unterart; geringe genetische Unterschiede zwischen den Populationen; diese beziehen sich in erster Linie auf Anpassung äußerer Merkmale an die Region (zahlreiche Übergänge).
3. Nach den gewonnenen Ergebnissen ist es nicht gerechtfertigt, von „Menschenrassen" zu sprechen. Die Begründung ergibt sich aus den Aufgaben 1 und 2.

KV 7/90 Sprache ohne Worte

① Augengruß: Waika-Indianer
② Drohen: a) wütendes Mädchen, b) Kabuki-Schauspieler
③ flirtende Turkana-Frau: Blickkontakt, Lächeln und Kopfsenken mit Lidschluss
④ Verschämtes Verbergen des Gesichtes: a) Samoanerin; sie betrachtet das Foto eines jungen Mannes. Reaktion auf die Bemerkung: „Der scheint dich ja ganz besonders zu interessieren." b) Balinesin: Reaktion auf ein Kompliment.
⑤ Trösten durch Streicheln bzw. Handauflegen.
⑥ Durch Heben der offenen Hand begrüßender Schom-Pen.
⑦ Waika-Indianer flirtet mit der Begleiterin von Eibl-Eibesfeldt, woraufhin ihn seine Gefährten hänselten.

KV 7/91 Vom Säugling zum Kleinkind

1. 1. Monat: Lichtpunkte, Geräusche und Stimmen; Vater und Mutter
2. Monat: Kopf; Rückenlage; strampeln
3./4. Monat: Kopf; zu greifen, anlächeln
5. – 7. Monat: Armen; Rückenlage; Spielzeug/Gegenstände
8. – 12. Monat: zu krabbeln, sich aufzurichten, zu laufen, zu sprechen
1. – 3. Lebensjahr: selbstständig
2. Kleinkinder schulen und entwickeln durch den Umgang mit dem richtigen Spielzeug ihre Feinmotorik.
3. Lärm, mangelnde Konzentrationsfähigkeit, Angst vor dem Versagen.

KV 7/92 Angeborene Verhaltensweisen beim Menschen

1. Bedeutung:
a) Suchen der Brustwarze – Nahrungsquelle
b) Klammerreflex – ursprünglich für Flucht nötig (Affenjunge sind aktive Traglinge, im Gegensatz zum Menschen (passiver Tragling), er muss beim Tragen gehalten werden)
c) Lächeln – sozialer Kontakt
d) Schreien – Hilferufe

KV 7/93 Einfach niedlich – das Kindchenschema

1., 2., 3., 4.
Der Versuch wurde in abgewandelter Form an vielen Schülern und Studenten im Alter von 6 bis 30 Jahren durchgeführt. Es ergab sich, dass fast alle Versuchspersonen den Eselkopf E_3 und den Kinderkopf K_5 am niedlichsten fanden. Am wenigsten beliebt war E_6. Eventuelle Abweichungen von dem angeführten Versuchsergebnis können verschiedene Ursachen haben: veränderte Einstellungen der Schüler durch Vorkenntnisse (in einer anderen Klasse den Versuch nochmals durchführen lassen!), geringe Schülerzahl, nicht repräsentative Zusammensetzung der Klasse.
Der Vergleich der Größenverhältnisse von Hirnschädel und Gesichtsschädel entspricht bei E_4 am ehesten K_5.
5. Große Augen; hohe, gewölbte Stirn; großer Kopf im Verhältnis zum Körper; Pausbacken; kurze, runde Gliedmaßen; zarte, weiche Haut (Fell).

KV 7/94 Erdkröte auf Beutezug

1. Reihenfolge der Abbildungen/Teilhandlungen: d) Die Erdkröte wartet auf Beute, a) Orientierungsbewegung zur Beute hin, c) Erkennen der Beute, Vorschnellen der Zunge (Endhandlung), b) Schlucken, Wischbewegungen
2. Das Beutefangverhalten der Erdkröte ist angeboren. Darauf deuten der immer gleiche Ablauf hin und die Tatsache, dass dieses Verhalten bei allen Erdkröten zu beobachten ist.

KV 7/95 Nüsse knacken will gelernt sein

1. u. 2.
Von einem unerfahrenen Eichhörnchen geöffnet: a), c); Die Nuss ist rundherum benagt, großes rundliches Loch. Von einem erfahrenen Eichhörnchen geöffnet: b); schmaler Spalt in der Schale, an dem das Tier die Nuss mit den Nagezähnen aufsprengt.
3. Man trennt ein Jungtier gleich nach der Geburt von der Mutter und zieht es isoliert auf. Alle Verhaltensweisen, die dieses Tier zeigt, müssen angeboren sein, denn es hatte keine Möglichkeit, von Artgenossen zu lernen.

KV 7/96 Verständigung im Tierreich

1. a) A: Lautäußerungen: Drohung; Freude
B: Duftmarken: Revierabgrenzung
C: Gesten: z. B. Unterwerfung
2. a) Bienensprache: angeboren; Tanzbewegungen, Laute, Richtung und Tanztempo werden variiert; Richtung, Entfernung und Ergiebigkeit der Futterquelle.

KV 7/97 Die Tanzsprache der Bienen

A-6; B-3; C-2; D-4; E-1; F-5; G-7

Lösungen

KV 7/98 Was ist los im Amselrevier?

① Ein Amselmännchen singt. Es kennzeichnet dadurch sein Revier.
② Zwei Männchen flattern im Kampf zwischen beiden Revieren hin und her.
③ Zwei Männchen bedrohen sich an der Reviergrenze, ohne zu kämpfen.
④ Ein Weibchen badet in einer Pfütze.
⑤ Das Weibchen sitzt im Nest und brütet.
⑥ Das Männchen warnt andere Vögel vor Katzen.
⑦ Ein Weibchen sammelt Nistmaterial im Schnabel.
⑧ Ein Männchen umwirbt sein Weibchen (Balz).
⑨ Ein Weibchen putzt sich mit dem Fuß am Kopf.
⑩ Die Amsel zieht einen Regenwurm aus dem Boden.
⑪ Die Amsel putzt ihr Gefieder mit dem Schnabel.

KV 7/99 Körpersprache bei Mensch und Tier

1. und 2.
a) Sieger (Pfeile nach oben: Körper, Schwanz, Ohren, Nacken, Haare) und Besiegter (Pfeile nach unten). Abbildung aus Darwin (1872).
b) Torschütze (Pfeile nach oben: Körper, Arme, Augen, Mundwinkel) und Torwart (Pfeile entgegengesetzt).
c) Ranghöheres Männchen (Pfeil nach oben: höherer Körper; Pfeil zum Weibchen: Blickrichtung, Streichelbewegung) und rangniedrigeres Weibchen (Pfeile nach unten: Körper, Kopf, Arme, Blick) begrüßen sich. Das ranghöhere Tier deutet soziale Hautpflege (grooming) an; rangniedrigeres Tier nimmt Demutshaltung ein.
d) Ägyptischer Würdenträger (Pfeile nach oben: aufgerichteter Körper; nach unten: offene Hände gnädig dem Untergebenen zugewendet) und Untergebener (Pfeile nach unten: Körper, Nacken, Blick).
e) Lachen (Pfeile nach oben: Mundwinkel, Augenbrauen; nach unten: Lippen bedecken Zähne); ängstliches Drohen (Pfeile nach unten: Mundwinkel, Augenbrauen; nach oben: Lippen entblößen Zähne).

3. Gegensätzlich Stimmungen (Freude und Trauer; Gefühl der Über- und Unterlegenheit; Frohsinn und Angst) werden in Mimik und Gestik mit gegensätzlichen (ästhetischen) Bewegungen ausgedrückt. Dabei kann der Begriff Gegensatz zweierlei bedeuten: „In entgegengesetzte Richtungen" ← → oder → ← „aufeinander zu".

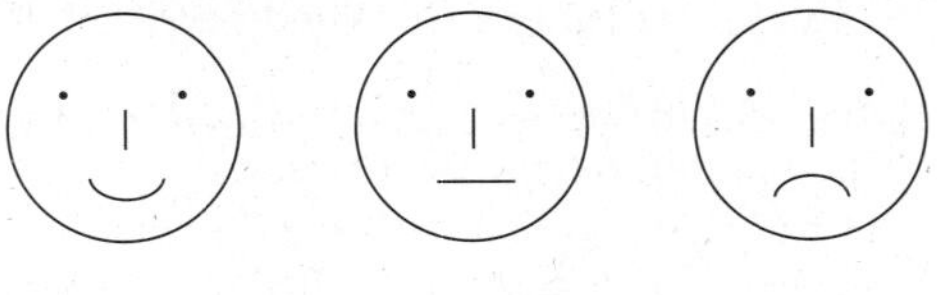

KV 8/100 Aufbau und Funktion des Transistors

1. C: Kollektor, B: Basis, E: Emitter

2.

Basis	Emitter	Strom	Basis	Kollektor	Strom	Emitter	Kollektor	Strom
+	–	ja	+	–	ja	+	–	nein
–	+	nein	–	+	nein	–	+	nein

Die Strecken Basis-Emitter und Basis-Kollektor lassen den Strom nur jeweils in einer Richtung fließen. Sie verhalten sich wie Dioden.

3. Fließt im Basiskreis Strom, so kann auch im Kollektor-Emitter-Kreis Strom fließen.

KV 8/101 Festwiderstand – Drehwiderstand – Fotowiderstand

1. Je größer der Widerstand, umso kleiner wird die Stromstärke. Je kleiner der Widerstand, umso größer wird die Stromstärke.

2. Mit dem Drehwiderstand kann man die Stromstärke auf beliebige Werte einstellen, die zwischen einem Höchstwert und einem Tiefstwert liegen.

3. Je stärker der Fotowiderstand beleuchtet wird, umso größer wird die Stromstärke.
Drehwiderstand und Fotowiderstand kann man vergleichen. Beim Drehwiderstand verändert sich der Widerstand durch Einstellen mit der Hand.
Beim Fotowiderstand verändert sich der Widerstandswert durch Licht. Viel Licht bewirkt, dass der Widerstandswert klein wird. Wenig Licht bewirkt, dass der Widerstandswert größer wird.

KV 8/102 Aufbau und Funktion des Kondensators

1. Ergebnis: Liegt ein Kondensator in einem Gleichstromkreis, dann fließt kurze Zeit ein Strom. Der Kondensator wird geladen. Ein Kondensator, der an einer Batterie angeschlossen war, wirkt für kurze Zeit wie eine Spannungsquelle.

KV 8/103 Funktion der Diode

1. Die Lampen in Bild b und Bild c werden gelb angemalt.

2. Diode sperrt: ⊖─▷├─⊕

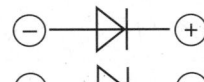

Diode lässt durch: ⊕─▷├─⊖

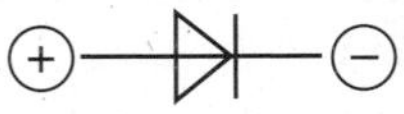

3. Die beiden Anschlüsse einer Diode heißen Anode und Kathode. Liegt die ~~Anode~~/Kathode in Richtung des Pluspols der Batterie, dann sperrt die Diode. Liegt die Anode/~~Kathode~~ in Richtung des Pluspols der Batterie, dann lässt die Diode Strom durch, sie ist offen.

4.

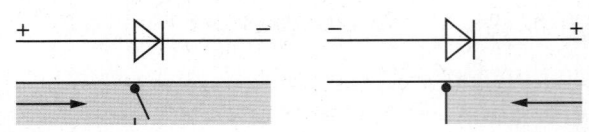

Lösungen

5.

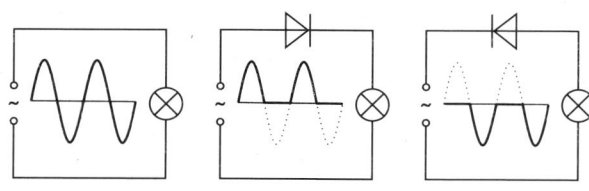

Beobachtungen:
Versuch a: Die Lampe leuchtet hell.
Versuch b: Die Lampe leuchtet schwach.
Versuch c: Die Lampe leuchtet schwach.

Erklärung: Eine Diode im Wechselstromkreis lässt Strom nur in einer Richtung durch. In der anderen Richtung sperrt sie. Es entsteht so pulsierender Gleichstrom, d. h. nur die Halbwellen einer Richtung werden durchgelassen. Eine Diode wirkt darum als Gleichrichter.

KV 8/104 Der Gleichrichter

1. a) Ja
   b) Nein
2. Eine der beiden Dioden sperrt immer.
3. 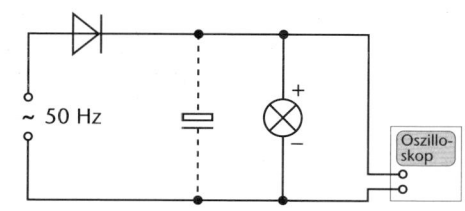
4. 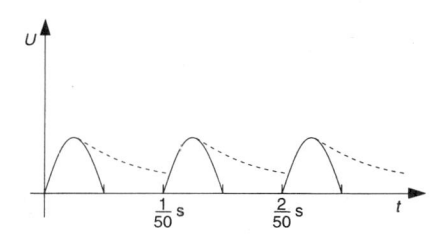
5. 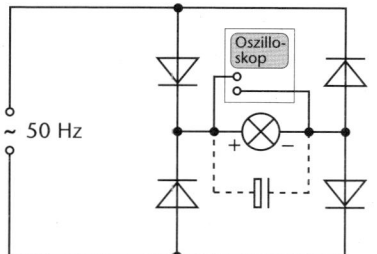
6.

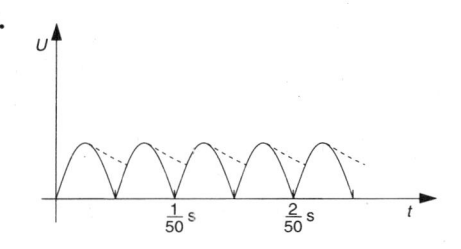

KV 8/105 Wie funktioniert der Flipflop?

1. a) T_2 sperrt. Die Basis von T_1 bekommt positive Spannung. T_1 schaltet durch, L_1 leuchtet. Nach Loslassen von S_2 leuchtet L_1 weiter.
   b) Der Zustand bleibt erhalten, bis S_1 gedrückt wird oder der Strom abgeschaltet wird.
2. a) Steuerstromkreis: +6V ... L_2 ... R_2 ... T_1 ... 0 ... +6V
   Arbeitsstromkreis: +6V ... L_1 ... T_1 ... 0 ... +6V
   b) L_1 leuchtet. Begründung: Die Basis von T_1 bekommt über L_2 und R_2 positive Spannung, T_1 schaltet durch. Der Strom durch L_2 ist zu schwach, L_2 leuchtet nicht.
   c) L_1 erlischt. Begründung: Die Basis von T_1 liegt auf 0 (Minuspol), T_1 sperrt. (Nach dem Loslassen von S_1 leuchtet L_1 wieder.)
3. S_1 wurde gedrückt: T_1 sperrt => positive Spannung an 1 => T_2 schaltet durch => Spannung an 2 ist fast Null.
   S_2 wurde gedrückt: T_2 sperrt => positive Spannung an 2 => T_1 schaltet durch => Spannung an 1 ist fast Null.

KV 8/106 Wie funktioniert die Blinkschaltung?

1. R_1 und R_2 sind direkt mit dem Pluspol verbunden. Außerdem haben sie andere Werte. S_1 und S_2 fehlen. C_1 und C_2 sind zusätzlich eingebaut.
2. a) Steuerstromkreis: +6V ... R_2 ... T_1 ... 0 ... +6V
   Arbeitsstromkreis: +6V ... L_1 ... T_1 ... 0 ... +6V
   b) L_1 leuchtet. Begründung: Die Basis von T_1 bekommt über R_2 positive Spannung, T_1 schaltet durch. Durch L_2 fließt kein Strom, da der Kondensator keinen Gleichstrom durchlässt.
3. Die Spannung schwankt im Takt des Blinkers. Messpunkt 1: Wenn L_1 leuchtet, ist die Spannung fast Null. Wenn L_1 dunkel ist, ist die Spannung knapp 6 Volt. Messpunkt 2: Die Spannung schwankt im „Gegentakt" zum Messpunkt 1.
4. a) Die Kondensatoren werden abwechselnd geladen und entladen. Dadurch sperren sie abwechselnd die Transistoren.
   b) Je höher die Kapazität, desto langsamer ist das Blinken.

KV 8/107 Layout einer Streifenrasterplatine

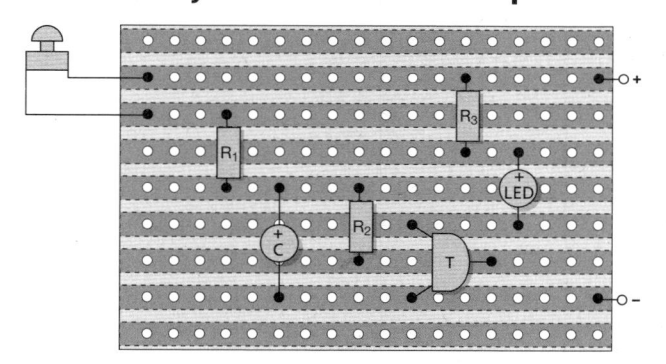

KV 8/108 Layout einer Leiterbahnplatine

a)   b)

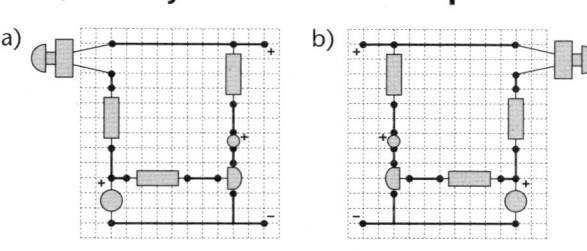

Schaltzeichen

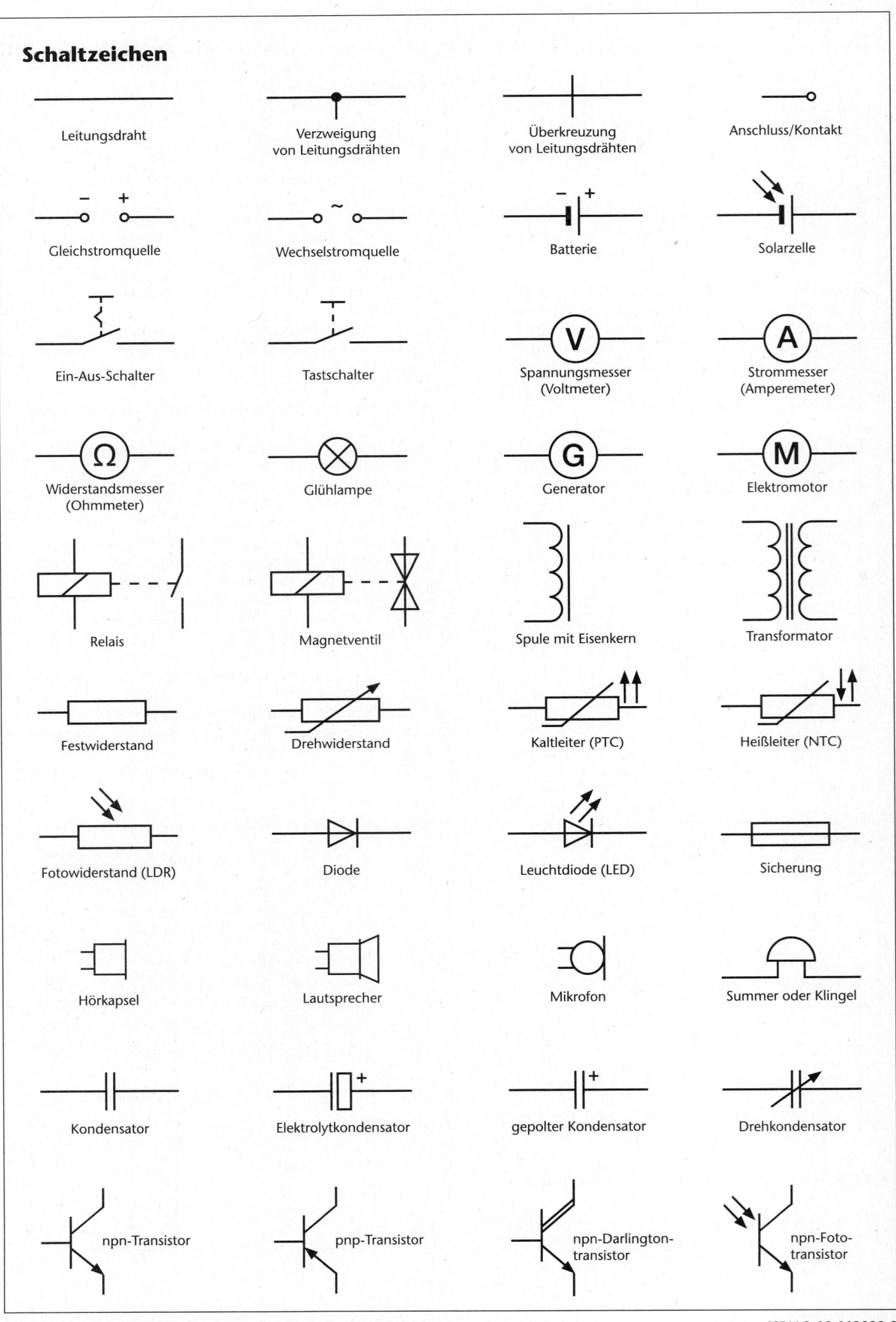

Leitungsdraht	Verzweigung von Leitungsdrähten	Überkreuzung von Leitungsdrähten	Anschluss/Kontakt
Gleichstromquelle	Wechselstromquelle	Batterie	Solarzelle
Ein-Aus-Schalter	Tastschalter	Spannungsmesser (Voltmeter)	Strommesser (Amperemeter)
Widerstandsmesser (Ohmmeter)	Glühlampe	Generator	Elektromotor
Relais	Magnetventil	Spule mit Eisenkern	Transformator
Festwiderstand	Drehwiderstand	Kaltleiter (PTC)	Heißleiter (NTC)
Fotowiderstand (LDR)	Diode	Leuchtdiode (LED)	Sicherung
Hörkapsel	Lautsprecher	Mikrofon	Summer oder Klingel
Kondensator	Elektrolytkondensator	gepolter Kondensator	Drehkondensator
npn-Transistor	pnp-Transistor	npn-Darlington-transistor	npn-Foto-transistor

© Als Kopiervorlage freigegeben. Ernst Klett Verlag GmbH, Stuttgart 2006.

ISBN 3-12-113088-9